Hol dir die Welt nach Hause!

Picus Lesereisen

Abu Dhabi
Helge Sobik ·
Fabian von Poser,
Lesereise Abu Dhabi.
Mona Lisa im Meer
aus Sand
978-3-7117-1019-2
E-Book 978-3-7117-5117-1

Afrika
Andreas Altmann,
Lesereise Afrika.
Im Herz das Feuer.
Quer durch den
Kontinent
978-3-7117-1023-9
E-Book 978-3-7117-5114-0

Afrika Süd
Barbara Schaefer ·
Rasso Knoller,
Lesereise Südliches Afrika.
Von der Serengeti an
den Elefantenstrand
978-3-7117-1059-8
E-Book 978-3-7117-5300-7

Albanien
Carola Hoffmeister,
Lesereise Albanien.
Die Möwe und der
Freiheitskämpfer
978-3-7117-1025-3
E-Book 978-3-7117-5120-1

Amalfi
Barbara Schaefer,
Lesereise Amalfi/Cilento.
Wo die rote Sonne
wirklich im Meer
versinkt
978-3-7117-1044-4
E-Book 978-3-7117-5206-2

Amazonas
Matthias Matussek,
Lesereise Amazonas.
Im magischen Dickicht
des Regenwaldes
978-3-7117-1060-4
E-Book 978-3-7117-5301-4

Andalusien
Ulrike Fokken,
Lesereise Andalusien.
Erdbeeren, Sherry und
das ewige Morgen
978-3-7117-1037-6
E-Book 978-3-7117-5183-6

Apulien
Stefanie Bisping,
Lesereise Apulien.
Die Magie des
Mezzogiorno
978-3-7117-1062-8
E-Book 978-3-7117-5311-3

Argentinien
Fabian von Poser,
Lesereise Argentinien.
Tango, Steaks und
Pampasgras
978-3-7117-1104-5
E-Book 978-3-7117-5430-1

Armenien
Barbara Denscher,
Reportage Armenien.
Im Schatten des Ararat
978-3-85452-977-4
E-Book 978-3-7117-5065-5

Australien
Stefanie Bisping,
Lesereise Australien.
Cocktails mit Kängurus
978-3-7117-1100-7
E-Book 978-3-7117-5423-3

Barcelona
Markus Jakob,
Lesereise Barcelona.
Metro zum Strand oder
die vermessene Stadt
978-3-85452-974-3
E-Book 978-3-7117-5052-5

Baskenland
Georges Hausemer,
Lesereise Baskenland.
Die kochenden Kerle
von der Muschelbucht
978-3-85452-979-8
E-Book 978-3-7117-5051-8

Berlin
Joscha Remus,
Lesereise Berlin.
Der Lichtertanz am
Mauerpark
978-3-7117-1034-5
E-Book 978-3-7117-5178-2

Bretagne
Stefanie Bisping,
Lesereise Bretagne.
Beim
Leuchtturmwärter
brennt noch Licht
978-3-7117-1053-6
E-Book 978-3-7117-5287-1

Budapest
Cornelius Hell,
Lesereise Budapest.
Der frivole Charme
der Brückenstadt
978-3-7117-1010-9
E-Book 978-3-7117-5089-1

Julia Lorenzer

Lesereise Umbrien

Julia Lorenzer

Lesereise Umbrien

Wo das Herz Italiens schlägt

Picus Verlag Wien

Klimaneutral
Druckprodukt
ClimatePartner.com/14924-2112-1008

FSC
www.fsc.org
MIX
Papier aus verantwortungsvollen Quellen
FSC® C004378

Grafische Gestaltung: Dorothea Löcker, Wien
Umschlagabbildung: © Leoks/Shutterstock
Druck und Verarbeitung:
EuroPB, s.r.o., Tschechische Republik
ISBN 978-3-7117-1111-3

Informationen über das aktuelle Programm
des Picus Verlags und Veranstaltungen unter
www.picus.at

Inhalt

Das Herz Italiens

Spaziergang zum Mittelpunkt

> *L'universo è tutto centro e tutto circonferenza.*
>
> *Im Universum ist alles Zentrum und alles Umgebung.*
>
> GIORDANO BRUNO

»Dafür, dass hier die Mitte sein soll, wirkt doch alles ziemlich still«, meint Michele nachdenklich. Nachdem wir schweigend ein paar Schritte weitergegangen sind, fügt er hinzu: »Wie im Auge eines Sturms.«

Unser Weg führt durch den Wald, immer an der Flanke des Hügels entlang. Linker Hand fällt das Gelände steil in Richtung Tal ab, rechts steigt es etwas sanfter an. An diesem ungewöhnlich heißen Spätsommertag bietet der Schatten der Steineichen, Eichen, Kastanien und Wacholderbäume willkommenen Schutz vor der Hitze. Wo die Sonnenstrahlen mit Mühe durch das dichte Blätterdach dringen, zeichnen sie fleckige Muster auf Felsen und Wurzeln. Die Luft riecht nach Holz, Kräutern und trockener Erde. Zu hören sind nur das Knirschen des Schotters unter unseren Sohlen und hin und wieder ein entferntes, unbestimmtes Knacken und Rascheln im Unterholz. Das müssen natürlich keine Wildschweine sein. Wahrscheinlich handelt es sich um Vögel oder Eichhörnchen oder von den Bäumen herabfallende Kastanien oder Eicheln. Wahrscheinlich.

Nur einen knappen Kilometer hinter uns krallt sich, gekrönt von einer mittelalterlichen Festung, die Altstadt von Narni in einen steilen Abhang. Die dicht gedrängten Häuser bilden eine eigenartige Mischung, relativ neue Bauten schmiegen sich an uralte Steinmauern, ein sorgfältig renoviertes Gebäude ragt zwischen zwei anderen hervor, die offenbar seit Langem ungenutzt verfallen. Als ich heute Morgen in der Stadt ankam, erinnerte mich das Halbrund der Häuser aus verschiedenen Epochen an die Zuschauerränge eines antiken Theaters – mit einem großen Parkplatz an der Stelle, an der eigentlich die Bühne sein sollte.

Narnis Gebäude erzählen nicht nur die eigene Geschichte, sondern die von ganz Umbrien: Da sind Mauerreste aus vorrömischer Zeit, errichtet von den ersten Siedlern, die dem Volk der Umbrer angehörten. Zisternen, mit denen später die Römer die Wasserversorgung der Stadt an der Via Flaminia sicherten, die sie nach der Eroberung in »Narnia« umbenannten – ein Name, der den britischen Autor Clive Staples Lewis zum Titel seiner weltberühmten »Chroniken von Narnia« inspirierte. Da stehen frühchristliche Kirchen auf den Fundamenten antiker Heiligtümer, wuchtige mittelalterliche *palazzi*, gebaut von einflussreichen Adelsfamilien, und eine Festung, mit der schließlich der Papst seinen weltlichen Machtanspruch verdeutlichte.

Oben, im Kern des *centro storico*, lief ich durch

enge Gassen und über holpriges Pflaster. Rechts wie links ragten hohe Mauern aus schwarzgrauem Stein empor. Alles wirkte rau und ungeschminkt. Ich sah keine bunten Blumenkästen, keine sorgfältig restaurierten pittoresken Details. Nichts war zu spüren von der Leichtigkeit, mit der sich andere umbrische Städte wie Spello, Spoleto, Assisi oder Todi an sonnigen Tagen über das Klischee des düsteren Umbrien erheben. Andererseits erweckt Narni im Gegensatz zu diesen Orten auch nie den Eindruck, ein Freilichtmuseum zu sein.

Narnis Innenstadt ist keine Kulisse, hier findet echtes Leben statt – obwohl immer mehr Häuser und Wohnungen leer bleiben, weil die Menschen lieber unten im Tal wohnen, wo man in wenigen Minuten die *strada statale* erreicht, wo es neue, große Supermärkte mit noch größeren Parkplätzen gibt. Vom Industriegebiet Narni Scalo am Fuß des Hügels schlängelt sich eine Straße durch einen Flickenteppich aus Feldern zu den sich in der Ferne über die Ebene ausbreitenden Gewerbegebieten rund um Terni. Die zweitgrößte Stadt Umbriens ist seit Jahrzehnten das industrielle Zentrum der ganzen Region. So sind, wo zwischen den *palazzi* in Narnis Zentrum ein Blick ins Umland geworfen werden kann, nicht nur dunkle, schier undurchdringliche Wälder, sondern immer wieder auch ferne Schornsteine und Fabriken zu erkennen. Die Gegenwart fehlt keineswegs in dem eigentümlichen Mosaik, das Narni heißt. Alles gleichzeitig, alles neben- und durcheinander, faszinierend und anstrengend.

In diesem Labyrinth der Epochen kann es nicht schaden, wenn einem jemand den Weg weist. In meinem Fall übernimmt das der fünfundzwanzigjährige Lockenkopf Michele. Im Rahmen von »Narni sotterranea« führt er regelmäßig Gruppen durch lange vergessene unterirdische Gewölbe der Stadt. Den Teilnehmern der Touren durch Narnis Unterwelt zeigt Michele nicht nur eine ehemals verschüttete und erst 1979 wiederentdeckte Höhlenkirche, sondern er führt sie auch in einen Saal, der einst von den Dominikanern im Rahmen der Inquisition als Verhörraum genutzt wurde, und in die Zelle, in der die Angeklagten tage-, wochen- oder sogar monatelang auf ihr Urteil warten mussten. »Narni sotterranea« beleuchtet außerdem eine noch viel länger zurückliegende Epoche: die römische Kaiserzeit. Da die Organisation sich hauptsächlich für das interessiert, was sich unter der Erde befindet, ist ihr der zweitausend Jahre alte Acquedotto della Formina besonders wichtig.

»Da vorne, siehst du? Das ist ein *pozzo d'accesso.*«

Hinter einer Biegung zeigt Michele auf eine Art winzigen Brunnenschacht am Wegesrand. Ich beuge mich über das ihn umgebende Holzgeländer und erhasche durch eine kleine quadratische Öffnung einen Blick in die Vergangenheit. Der Schacht ist tiefer, als ich gedacht hätte.

»Das ist einer der fünfundfünfzig Wartungsschächte. Wie du siehst, verläuft der Aquädukt in diesem Abschnitt direkt unter dem Waldweg.«

Was hat Michele vorhin bei seinem Vortrag vor der Gruppe zu der antiken Wasserleitung erklärt?

Sie ist dreizehn Kilometer lang, an jedem der beiden Enden konnte beim Bau immer nur ein einzelner Mann arbeiten, denn der Tunnel ist so schmal, dass darin keine zwei Menschen nebeneinander stehen können. Die Arbeiten sollen trotzdem insgesamt nur etwa vier Jahre gedauert haben.

»Der Aquädukt war sehr solide konstruiert«, sagt Michele. »Er hat den Untergang des Römischen Reiches lange überdauert und Narni sogar noch bis ins 20. Jahrhundert mit Wasser versorgt.«

»Unglaublich«, murmle ich, noch immer über den Schacht gebeugt, sodass meine Stimme aus dem dunklen, feuchten Gewölbe widerhallt.

»Ja, nicht wahr? Aber jetzt müssen wir weiter. Wir haben noch ein Stück zu gehen.«

Michele hat recht. Schließlich ist es nicht der Aquädukt, weswegen wir hier durch den Wald spazieren. Jedenfalls nicht ausschließlich. Nach der Führung bin ich mit Michele ins Gespräch gekommen, und er freute sich über mein Interesse. Schließlich erklärte er sich bereit, mir noch einen weiteren, in mehrerlei Hinsicht besonderen Ort zu zeigen.

Etwa siebenhundert Kilometer von diesem bewaldeten umbrischen Hügel entfernt, an der Vetta d'Italia in Südtirol, liegt der nördlichste Punkt Italiens. Um bis zum kalabrischen Melito di Porto Salvo zu gelangen, wo das italienische Festland in der entgegengesetzten Richtung endet und Sizilien zum Greifen nah scheint, muss man ungefähr die gleiche Wegstrecke zurücklegen. Bardonecchia, unweit von Turin an der Grenze zu Frankreich gelegen, markiert das westliche Ende Italiens. Das östliche befindet sich am Capo d'Otranto in Apulien, wo man bei klarer Sicht die Küste Albaniens am Horizont erkennen kann.

In Umbrien und im nördlichen Latium, dem »grünen Herz Italiens«, leben die Menschen seit vielen Generationen in dem Bewusstsein, sich im Zentrum ihres Landes zu befinden. Aber wo dieses Zentrum genau liegt, darüber war man sich noch nie einig. Kein Wunder – existiert doch bis heute keine allgemein anerkannte Methode, den Mittelpunkt einer so unregelmäßigen Fläche wie der des italienischen Stiefels zu berechnen.

2014 bestimmte ein niederländisches Institut mithilfe eines eigenen Computermodells die geografischen Mittelpunkte aller europäischen Staaten. Für Italien wurde damals ein zu Orvieto gehörendes Gewerbegebiet namens Fontanelle di Bardano ermittelt. Das exakte Zentrum des Stiefels – inklusive der zu Italien gehörenden Inseln – läge demnach direkt neben einer Tiermehlfabrik. Weder ein schöner Hintergrund für Touristenselfies noch eine passende Umgebung für Souvenirshops. Die Resonanz auf diese Veröffentlichung blieb dementsprechend verhalten.

Viel idyllischer als im Industriegebiet Orvietos sieht es da auf dem Monteluco aus, einer Anhöhe bei Spoleto, die seit Urzeiten als Kultort gilt. Im Bosco Sacro, dem »Heiligen Wald«, in dem bereits in der Antike dem Gott Jupiter gehuldigt wurde, ließen sich im frühen Mittelalter christliche Einsiedler nieder. Später gründete Franz von Assisi auf dem Monteluco ein Kloster, dessen spartanische Zellen bis heute besichtigt werden können. Dieser Hügel verdankt seine Sonderstellung nicht irgendwelchen Messungen und Berechnungen, sondern seiner Atmosphäre und seiner Geschichte – mehr als jeder seiner Konkurrenten ist er in erster Linie ein spirituelles Zentrum.

Um die umbrische Stadt Foligno auf die Liste der Mittelpunkte Italiens zu setzen, brauchte es ebenfalls weder exakte geografische Daten noch hochkomplexe Computermodelle. Es genügte die Chuzpe eines Wirtes, der seinem Lokal ein Alleinstellungsmerkmal verschaffen wollte. 1930 eröffnete im Zentrum der Stadt das Caffè Sassovivo, in dem mehrere Billardtische standen, einer davon genau in der Mitte des Raumes. Für das damals beliebte Fünf-Kegel-Billard war das Zentrum dieses Tisches markiert. Diese Markierung wurde im eigenen Dialekt kurzerhand zu *lu centru de lu munnu* – italienisch *il centro del mondo* – erklärt. Hier befand sich demnach nicht nur der Mittelpunkt Italiens, sondern gleich der gesamten Welt. Das Caffè Sassovivo existiert bereits seit den achtziger Jahren nicht mehr. Das tut der Behauptung, Foligno sei *lu centru de lu munnu* keinen Abbruch. Erst 2008 wurde sie sogar durch einen Stadtratsbeschluss offiziell bekräftigt. Und sollte das Caffè Sassovivo, das bei seinen ehemaligen Gästen noch immer Kultstatus genießt, irgendwann wieder auferstehen, dann bestünde noch immer die Möglichkeit, dass sein wichtigstes Möbelstück ebenfalls an seinen Standort zurückkehrt. Denn der Billardtisch, der den Mittelpunkt der Welt markierte, wird bis heute sicher im Keller eines ehemaligen Stammgastes verwahrt.

»Ist es noch weit?«, frage ich Michele. Ich hätte nicht gedacht, dass wir nach dem Einstieg in den Wald noch so eine lange Strecke laufen müssten. Es geht immerfort über Stock und Stein, keinerlei Wegweiser kündet vom nahen Ziel. Wäre ich alleine aufgebrochen, würde ich längst befürchten, eine Abzweigung übersehen und mich verlaufen zu haben.

»Keine Sorge, wir sind gleich da«, ermutigt mich mein Begleiter. »Bald werden wir die Brücke sehen.«

Die Cardona-Brücke, von der Michele spricht, ist Teil des Aquädukts und als solcher bereits eine Sehenswürdigkeit. Doch vor einigen Jahren hat sie für den Tourismus in Narni noch einmal erheblich an Bedeutung gewonnen. Verantwortlich war dafür der Geograf Giuseppe Angeletti aus Perugia.

Angeletti hatte sich bereits 2006 vom Istituto Geografico Militare in Florenz die genauen Koordinaten der vier äußersten Grenzpunkte des italienischen Festlandes geben lassen. 2015 legte er schließlich ein auf diesen Daten beruhendes, selbst verfasstes Gutachten vor, nach dem der Mittelpunkt des italienischen Stiefels in einem Waldgebiet unweit der umbrischen Stadt Narni liege, in unmittelbarer Nähe einer uralten Steinbrücke namens Ponte Cardona.

In Narni wurde Angelettis Ergebnis mit unverhohlener Freude entgegengenommen. Die Konkurrenz um den Titel *centro d'Italia* reagierte sehr unterschiedlich. In Foligno etwa sorgten Angelettis Berechnungen für kaum mehr als ein Achselzucken. Dafür reagierte man in Rieti, eine gute Autostunde von Narni entfernt in der Region Latium gelegen, umso empfindlicher. Die dortige Piazza San Rufo wird mindestens seit der Zeit der Renaissance als Mittelpunkt des italienischen Stiefels betrachtet. Doch damit nicht genug, offenbar galt die Stadt sogar schon im antiken Rom als »Umbilicus Italiae«, also als »Italiens Bauchnabel«. Bürgermeister Simone Pietrangeli beschwor dementsprechend in seiner ersten Stellungnahme zu den Neuigkeiten aus Umbrien die »tausendjährige Geschichte Rietis«, die den eigenen Anspruch begründe und die man sich nicht durch irgendwelche Zahlenspielereien streitig machen lasse.

Es geht bei all dem natürlich nicht nur um Tradition, sondern auch um griffige Werbeslogans, die den Absatz der eigenen Produkte und vor allem den Tourismus fördern sollen. Es dürfte die Angst vor dem Verlust eines bewährten Alleinstellungsmerkmals gewesen sein, die den medialen Schlagabtausch zwischen der latinischen und der umbrischen Gemeinde weiter befeuerte. Bald war in den örtlichen und überregionalen Zeitungen von einem »Krieg« zwischen Rieti und Narni die Rede – Schlagzeilen, die aus dem Mittelalter stammen könnten, als sich benachbarte Städte wie Assisi und Perugia tatsächlich regelmäßig blutige Auseinandersetzungen lieferten.

»Da vorne! Das ist die Brücke.«

Micheles Worte reißen mich unsanft aus meinen Gedanken. Mein Blick folgt seinem, und im nächsten Moment erkenne auch ich die schmale Konstruktion aus Travertin, die etwa zwanzig Meter vor uns einen tiefen Graben überspannt. Davor steht am Wegesrand eine hölzerne Bank, daneben ein Mülleimer und die Skulptur, von der ich bereits ein Bild im Internet gesehen habe. Sie erinnert an eine steinerne Torte, aus der in der Mitte ein schlichter Metallstift senkrecht nach oben ragt. Hier soll es also sein, das Zentrum des italienischen Stiefels.

»Komm!«

Michele fordert mich auf, ihm zu folgen. Als Mitglied von »Narni sotterranea« interessiert ihn die zweitausend Jahre alte Brücke natürlich viel mehr als irgendwelche ohnehin zweifelhaften geografischen Berechnungen. Deshalb führt er mich über den steilen Hang hinunter in den Graben, auf dessen Grund ein winziges Rinnsal plätschert.

»Von hier sieht man sie am besten.«

Michele hat recht, von hier unten kann man das antike Bauwerk wirklich in seiner ganzen Schönheit erfassen. Mein Begleiter beginnt wieder zu erklären, er spricht von der Bogenkonstruktion, dem Neigungswinkel, der Statik.

Ich lege den Kopf in den Nacken, sehe den strahlend blauen Himmel durch das Blätterdach blitzen. Micheles Stimme wird zu einem Hintergrundgeräusch für meine Gedanken, die von jetzt an ihre eigenen Wege gehen. In wenigen Augenblicken durchmessen sie das ganze Land, fliegen von der verschneiten »Vetta d'Italia« bis hinunter nach

Melito di Porto Salvo, von Bardonecchia bis zum Capo d'Otranto. Sie legen in einem verrauchten Billardcafé in Foligno eine kurze Pause ein, dann steigen sie wieder auf, passieren eine Tiermehlfabrik bei Orvieto und kurz darauf das alte Franziskanerkloster im Bosco Sacro auf dem Monteluco. Sie kreisen über den Schornsteinen der Industrieanlagen von Terni und den jahrhundertealten Mauern von Assisi, Spoleto und Narni.

Michele hat recht: Im Zentrum des italienischen Stiefels ist es erstaunlich still. Doch um uns herum tobt kein Sturm, sondern das Leben – in einem wunderschönen, facetten- und kontrastreichen Land.

Eine Frage der Perspektive

Mit Bruder Thomas in der Basilika San Francesco

> *Der Weg zu Gott kann niemals am Menschen vorbeiführen.*
>
> Sprichwort nach Franz von Assisi

Im Grunde ist es nur eine Kleinigkeit. Eine abgebrochene Zahnkrone, die wieder befestigt werden muss. Doch fern der Heimat kann so etwas schnell zu einem großen Problem werden. Und besonders unangenehm ist das, wenn man als Reiseleiter für eine Gruppe von mehr als dreißig Pilgern verantwortlich ist. Entsprechend besorgt wirkt der grauhaarige Herr, der hinter der Klosterpforte wartet. Er hat die Krone vorhin provisorisch mit Haftcreme befestigt, aber auf Dauer wird das nicht funktionieren. Ein Zahnarzt muss her.

Darum kümmert sich Bruder Thomas. Der Franziskaner läuft in einigen Metern Entfernung an der Klostermauer auf und ab, sein Handy am Ohr: »Nein, nächste Woche ist zu spät. Der *signore* ist nur noch für sechs Tage hier. *Sì, esatto.*«

Es ist nicht einfach, auf die Schnelle einen Termin zu bekommen. Doch nach ein paar Minuten lässt Bruder Thomas das Handy in die Tasche seines schwarzen Habits gleiten und verkündet dem Wartenden die gute Nachricht: Morgen Vormittag werde er in der Praxis erwartet.

In einem durchschnittlichen Jahr ist Bruder Thomas für zwölf- bis dreizehntausend Menschen aus dem deutschsprachigen Raum zuständig, die Assisi und die dortige Basilika besuchen. Das bedeutet nicht nur, dass er mehrmals täglich Gruppen durch die Unter- und die Oberkirche führt und dabei über die Besonderheiten dieses Gotteshauses, über das Leben in der Bruderschaft und natürlich über die berühmten Fresken von Cimabue, Giotto und anderen Meistern ihres Faches spricht. Er hilft auf Anfrage auch schon im Vorfeld bei der Suche nach einem Quartier oder bei der Organisation der Reise. Und wenn Not am Mann ist, dann ruft er eben auch mal bei einem Zahnarzt an.

Nachdem sich der Reiseleiter noch die Adresse der Praxis notiert hat, passieren die beiden Männer die Pforte und begeben sich auf den von der Morgensonne beschienenen Vorplatz vor dem Eingang zur Unterkirche, wo sich die Gruppe bereits versammelt hat. Nach einer kurzen Begrüßung führt Bruder Thomas die Pilger in das Gotteshaus und weist sie an, in den Bänken Platz zu nehmen.

»In diesen Bereich, damit alle gut sehen können. Hier vorne ist noch was frei, nur keine Scheu!«

Sein Ton ist routiniert und verbindlich, mit seiner imposanten Gestalt strahlt der Franziskaner eine natürliche Autorität aus. Seinen Pfälzer Dialekt versucht er gar nicht erst zu verbergen. Er weiß, dass die regionale Einfärbung seiner Sprache bei den meisten seiner Zuhörer Sympathien weckt, auch wenn sie dieses Lokalkolorit mitten in Italien nicht unbedingt erwartet hätten. Tatsächlich ist Bruder Thomas längst nicht der erste Pfälzer in Assisi.

»Bereits im Jahr 1230, wenige Jahre nach Franziskus' Tod, gab es hier nachgewiesenermaßen einen deutschsprachigen Bruder. Und wo kam der her?« Sein Blick schweift für einige Augenblicke über die gespannten Mienen seiner Zuhörer, bevor er seine Frage schmunzelnd selbst beantwortet. »Aus Speyer. Wir Pfälzer können hier also auf eine gewisse Tradition zurückblicken.«

Weltweit zählt der Orden der Franziskaner heute mehr als dreizehntausend Mitglieder. Assisi bildet als Wirkungsstätte des Ordensgründers eines der wichtigsten Zentren dieser riesigen Gemeinschaft. Ist es demnach ein besonderes Privileg und ein Traum für jeden Franziskaner, an diesem Ort zu leben und zu arbeiten?

»Nun ja, es ist natürlich etwas Besonderes. Aber nicht jeder Franziskaner beneidet uns darum. Viele meiner Brüder kommen mit Freude zu Besuch nach Assisi, kehren dann aber nach einigen Tagen auch wieder sehr gern zurück in ihre jeweiligen Gemeinschaften. Man muss bedenken, dass wir hier derzeit mehr als sechzig Brüder aus über zwanzig Ländern sind. Das ist innerhalb des Ordens ungewöhnlich, die meisten unserer Gemeinschaften bestehen aus weniger als zehn Mitgliedern. Da erscheint einem der Betrieb hier in Assisi sicherlich etwas weniger familiär. Nicht alle sehnen sich danach, dauerhaft im Ausland zu leben, mit Brüdern von allen Kontinenten, die so viele verschiedene Sprachen sprechen.«

Die »Amtssprache« im Kloster ist natürlich Italienisch. Als momentan einziger Deutscher im Kloster kann sich Bruder Thomas trotzdem hin und wieder – etwa mit einem dänischen Mitbruder – in seiner Muttersprache unterhalten. Als er 2008 aus dem Franziskanerkonvent in Kaiserslautern nach Assisi kam, hat er sich schnell eingelebt und fühlt sich heute hier zu Hause, obwohl er seiner Pfälzer Heimat nach wie vor sehr verbunden ist. Er selbst ist überzeugt, dass starke Wurzeln dabei helfen, sich auch in einer neuen Umgebung schnell heimisch zu fühlen.

Die Mitglieder der Reisegruppe hören gebannt zu, während Bruder Thomas beispielhaft den Symbolgehalt einiger bekannter Geschichten aus der Franziskuslegende erörtert und über die Botschaft hinter den jahrhundertealten Fresken spricht: die Vogelpredigt als Bild für die Zuwendung des Gläubigen zur Schöpfung, die Natur als Franziskus' Wegweiser auf der Suche nach Gott. Es gilt, den Blick der Zuhörer auf wesentliche Details zu lenken. So können sie auch das, was sie bereits zu kennen glauben, aus einer neuen Perspektive betrachten.

Seine Aufgabe trägt sicher auch dazu bei, dass sich Bruder Thomas in Assisi besonders wohlfühlt. Sein bereits im Elternhaus gewecktes Interesse für Kunst und Geschichte hatte wesentlichen Anteil daran, dass er sich als junger Mann für ein Leben bei den »Minderen Brüdern«, wie sich die Franziskaner nennen, entschied. Was könnte es da Besseres geben, als nun täglich über die Geschichte dieses faszinierenden Ortes zu sprechen und den Menschen, die ihn besuchen, die Entstehung und die Bedeutung all der einzigartigen Kunstwerke zu erläutern, die in diesen Mauern zu finden sind?

Doch mit den Führungen allein ist es längst nicht getan, ein großer Teil seiner Arbeit findet am Schreibtisch in seiner Kammer statt. Bruder Thomas kümmert sich dort selbst um die Anmeldungen und die Termine der Gruppen, so behält er stets die Übersicht. Außerdem hat er bereits einen Kunstführer für die Basilika verfasst, ein weiteres Buch ist in Arbeit. Dazu kommen noch die für alle Ordensbrüder verpflichtenden und in einem Wochenplan geregelten Gemeinschaftsaufgaben wie etwa die Vorbereitung des Frühstücks oder der Dienst an der Pforte. Bleibt da überhaupt noch Zeit für Besinnlichkeit? Man tritt doch nicht in einen Orden ein, um dann genauso viel Stress zu haben wie ein Manager.

»Man darf nicht vergessen: Wir sind keine Mönche – auch wenn die meisten Leute uns Franziskaner in eine Schublade mit den kontemplativen Orden stecken. Im Unterschied zu Mönchsorden wie den Benediktinern geht es bei uns nicht hauptsächlich um das stille Gebet. Für Franz von Assisi bestand die Hinwendung zu Gott vor allem in der Begegnung mit den Menschen. Das ist für uns also nicht in erster Linie eine Belastung oder ein notwendiges Übel, sondern es trifft den eigentlichen Kern unseres Ordenslebens. Der Alltag in einer Gebetsgemeinschaft bietet außerdem sowieso immer wieder Momente der Stille. Dieser Lebensstil zwingt uns gewissermaßen, uns regelmäßig auf das Wesentliche zu besinnen. Und die Klostermauern sind dick – wenn draußen, nur wenige Meter entfernt, mal wieder großer Trubel herrscht, bekomme ich davon in meiner Kammer nicht allzu viel mit.«

Der Franziskaner führt die Gruppe in Richtung Apsis, lässt sie auch dort wieder in den Bänken Platz nehmen und lenkt die Aufmerksamkeit seiner Zuhörer dann auf drei Darstellungen im Deckengewölbe. Die Damen und Herren starren nach oben, während sie seinen Worten lauschen.

Die abgebildeten Figurengruppen stehen für Armut, Keuschheit und Gehorsam. Damit bilden sie die drei Grundprinzipien ab, nach denen der heilige Franziskus vor achthundert Jahren seine Gemeinschaft ausrichtete und die für die Franziskaner bis heute maßgebend sind.

Die Entscheidung für die Armut war wohl einer der bedeutendsten Schritte im Lebensweg des Ordensgründers. Als junger Mann gab er das Streben nach materiellen Gütern auf, um seine Existenz fortan vertrauensvoll in die Hände Gottes zu legen. Wie dieses Armutsideal nach seinem Tod in der bereits in den ersten Jahrzehnten rasant wachsenden Bruderschaft bewahrt werden sollte, darüber gab es von Beginn an Diskussionen. Noch heute leben die Ordensbrüder bescheiden, ohne eigenen Besitz und ohne eigenes Geld, wobei sie alles, was sie benötigen, von der Gemeinschaft erhalten. Nicht zuletzt soll die Ordenstracht – der einfache, von einer Kordel zusammengehaltene Habit – den Verzicht auf unnötigen Luxus nach außen hin verkörpern.

Das zweite Bild im Apsisgewölbe zeigt eine Frau, die in einem steinernen Turm gefangen scheint. Hier geht es um die Keuschheit, und das Motiv des Kerkers dürfte dabei ziemlich vielen Betrachtern aus der Seele sprechen.

»Das wäre allerdings eine sehr oberflächliche Interpretation«, meint Bruder Thomas. »Das Bild wird sehr viel verständlicher, wenn man die Perspektive wechselt. Tatsächlich geht es hier um die personifizierte Liebe, die von den Mauern vor dem Unbill der Welt geschützt werden soll.«

Immer wieder wird Bruder Thomas mit dem Vorurteil konfrontiert, dass Menschen wie er, die zölibatär lebten, nichts über die Liebe wüssten und deshalb auf diesem Gebiet auch keine Ratschläge erteilen sollten.

»Ich habe das bereits in meinen ersten Jahren im Orden völlig anders erlebt. Als ich noch in Kaiserslautern in der Seelsorge arbeitete, hatte ich viel mit jungen Paaren und Familien zu tun. Die haben das Gespräch mit uns Ordensbrüdern sehr zu schätzen gewusst, weil sie über uns einen ›Blick von außen‹ auf ihre Situation bekamen. Und ich wiederum habe in diesen Gesprächen viel über ihr Leben gelernt und echte Freunde gewonnen. Unterschiedliche Blickwinkel können sehr wertvoll sein und sich gegenseitig befruchten. Deshalb sehe ich keinen Sinn darin, andere Lebensweisen pauschal abzuwerten.« Auch hier gilt offenbar: eine Frage der Perspektive.

Das durch Franz von Assisi propagierte radikale Armutsideal und seine konsequente Hinwendung zu den Bedürftigen und Ausgeschlossenen besaßen damals wie heute durchaus revolutionäres Potenzial. Doch der Prediger entschied sich von Beginn an, seinen Weg innerhalb der Kirche zu gehen, sich mit dem Papst zu verständigen und sich ihm, wo nötig, unterzuordnen. Auch innerhalb des Ordens wird das Gebot des Gehorsams bis heute hochgehalten. Passt das noch in eine Welt, in der überall von Mitbestimmung und persönlicher Entfaltung die Rede ist?

»Wir sind nicht streng hierarchisch verfasst. Führungspositionen werden innerhalb des Ordens auf Zeit vergeben, man begegnet einander in der Regel auf Augenhöhe. Gehorsam bedeutet in diesem Zusammenhang zunächst einmal, die eigenen Aufgaben gewissenhaft zu erfüllen und nicht gleich in sture Ablehnung zu verfallen, nur weil einem eine Tätigkeit nicht zu hundert Prozent entspricht. Andererseits ist Widerspruch keineswegs verboten. Franziskus war es wichtig, Gehorsamskonflikte zu lösen, ohne es zu einer ernsthaften ›Entzweiung‹ unter den Brüdern kommen zu lassen. Das gelingt nur mit Fingerspitzengefühl und Kompromissbereitschaft auf allen Seiten.«

Bruder Thomas ist mit seiner Gruppe inzwischen in der Oberkirche angekommen und erklärt, wie der berühmte Freskenzyklus von Giotto di Bondone das Leben des Franz von Assisi mit Szenen aus dem Alten und dem Neuen Testament verknüpft – und ganz nebenbei eine seit der Antike nicht mehr gesehene und eine neue Epoche der Kunstgeschichte einleitende Technik der Perspektive in die spätmittelalterliche Malerei einführt.

Seine Zuhörer bestaunen nicht nur diese Meisterwerke ausgiebig, sondern auch die Narben, die das Erdbeben von 1997 trotz beispielloser Wiederaufbauarbeiten in der Oberkirche hinterlassen hat. Und sie lernen, dass die um 1250 gefertigten hohen Buntglasfenster in der Apsis – seinerzeit die Ersten ihrer Art in Italien – nicht nur dieses eine, sondern insgesamt bereits vierundzwanzig Beben auf wundersame Weise unbeschadet überstanden haben.

Nach etwa einer Stunde steht die Reisegruppe wieder in der Sonne, diesmal auf dem weitläufigen Vorplatz vor dem Eingang zur Oberkirche und der imposanten Fassade der Basilika. Bruder Thomas gibt noch ein paar Tipps für den weiteren Aufenthalt, dann lässt er den Spendenbeutel herumgehen, bevor er sich verabschiedet.

Die nächste Führung steht erst morgen an. Heute Nachmittag ist Bruder Thomas zum Dienst an der Pforte eingeteilt. Nicht gerade sein Traumjob, das gibt er unumwunden zu. Andererseits wird er auch dabei wieder Menschen begegnen und die Möglichkeit bekommen, einigen von ihnen den Weg zu weisen – ob in die Kirche oder in die Stadt, in die Messe oder gar zum Zahnarzt. Weshalb sich also beklagen? Es ist schließlich alles eine Frage der Perspektive.

Schönheit und Genuss

Die zwei Vermächtnisse der Luisa Spagnoli

> *La capacità di immaginare quello che ancora non c'è – questo fa la differenza.*
>
> *Sich etwas vorstellen zu können, das es noch nicht gibt – das macht den Unterschied.*
>
> LUISA SPAGNOLI

Nichts war unversucht geblieben, man hatte sie sogar nach Paris gebracht, damit sie dort von einem Spezialisten behandelt werden konnte. Vergeblich. Als Luisa Spagnoli im Oktober 1935 im Alter von achtundfünfzig Jahren an den Folgen einer Tumorerkrankung starb, hatte sie der Stadt Perugia, der Region Umbrien und ganz Italien ihren Stempel aufgedrückt. Mit ihren Ideen und ihrer Arbeit hatte sie die Basis für zwei Unternehmen gelegt, die, geprägt durch die Innovationsfreude der Gründerin, bis heute relevant und längst Teil der italienischen Identität sind.

Doch die Bedeutung Luisa Spagnolis ist längst nicht nur an wirtschaftlichen Erfolgen abzulesen. Die in einfachen Verhältnissen aufgewachsene Frau leistete auf vielen Gebieten Pionierarbeit. Ihr Lebenslauf ist noch heute ein eindrucksvolles Beispiel dafür, wie Frauen in einer traditionellen und chronisch verkrusteten Gesellschaft wie der italienischen in vermeintliche Männerdomänen vorzudringen und ihre Ideen durch Beharrlichkeit, Fleiß und Kreativität zu verwirklichen vermögen. Ganz nebenbei schuf sie in der betrieblichen Fürsorge für Angestellte neue Maßstäbe und ließ sich auch was ihr privates Glück betraf nicht von althergebrachten Vorstellungen in die Schranken weisen.

Bei all diesen bedeutenden Errungenschaften erscheint es beinahe banal, dass Luisa Spagnolis bekanntestes und bis heute beliebtestes Vermächtnis aus etwas Kakaomasse besteht. Gemischt mit gerösteten Haselnusssplittern wird sie zu einer kleinen Kugel geformt, von einer ganzen Haselnuss gekrönt und mit zwei Schichten dunkler Schokolade überzogen. Dieses Grundrezept ist seit jeher dasselbe, und auch die silbrige Folie mit den blauen Sternen, die jede einzelne Praline umhüllt, hat sich im Lauf der Jahrzehnte kaum verändert.

Alles begann kurz nach der vorletzten Jahrhundertwende in einem kleinen Süßwarenladen in Perugias *centro storico.* Luisa hatte ihren Mann Annibale überredet, das zum Verkauf stehende Geschäft mit geliehenem Geld zu erwerben. Zwar brachte keiner von beiden Erfahrung im Konditorwesen mit, doch die selbstbewusste Frau wollte sich die Chance auf ein eigenes Unternehmen nicht entgehen lassen. Als Berufsmusiker war es für Annibale nie leicht gewesen, eine Familie zu versorgen, zuletzt hatte er sich deshalb für drei Jahre beim Militär verpflichtet. Mit einer derart prekären Existenz wollte sich Luisa nicht auf Dauer zufriedengeben. Also stellte sie fortan in der zum Laden gehörenden Küche traditionelle *confetti* her: geröstete und mit Zuckerguss überzogene Mandeln, wie sie bis heute vor allem bei italienischen Hochzeiten verschenkt werden. Das Ergebnis ihrer Arbeit kam bei den *perugini* gut an, weshalb Luisa die eigene Produktpalette bald zu erweitern versuchte. In Norditalien hatten sich bereits mehrere Schokoladenproduzenten etabliert, und die von ihnen vertriebenen *cioccolatini* galten als exquisites Geschenk für die gehobenen Klassen. Warum also nicht auch in Perugia eigene Schokolade herstellen?

Wieder galt es, sich in ein neues Gebiet einzuarbeiten – und Luisa Spagnoli experimentierte unermüdlich, bis sie alle Arbeitsschritte auf dem komplizierten Weg von der Kakaobohne bis zur fertigen Schokolade beherrschte. Das Ergebnis überzeugte einmal mehr, ihre handgemachten Täfelchen und Pralinen versprachen gute Geschäfte. Doch für eine Produktion im größeren Stil fehlten Annibale und Luisa die Mittel.

Wie genau der Kontakt zu Francesco Buitoni zustande kam, weiß heute niemand mehr. Sicher ist nur, dass sich der Spross der im toskanischen Sansepolcro ansässigen Unternehmerfamilie, die mit Teigwaren ein Vermögen gemacht hatte, von Luisa Spagnolis Geschäftsidee überzeugen ließ und in das Unternehmen einstieg. Am 30. November 1907 war es so weit: Annibale und Luisa Spagnoli gründeten gemeinsam mit Francesco Buitoni und zwei weiteren Teilhabern die »Società Perugina per la fabbricazione dei confetti«. Das Startkapital der Gesellschaft betrug hunderttausend Lire.

Was so hoffnungsvoll begann, drohte bald zu einem Rohrkrepierer zu werden. Bereits zwei Jahre nach seiner Gründung schien das Unternehmen am Ende, die Kosten für die Rohstoffe und den Betrieb mit damals fünfzehn Angestellten waren zu hoch. Luisa hatte mit der Fertigung und dem Verkauf alle Hände voll zu tun und ihr Mann Annibale war nicht gerade ein geborener Manager.

Francesco Buitoni hatte seine Investition insgeheim wohl bereits abgeschrieben, als er seinen jüngsten Sohn Giovanni damit beauftragte, bei der Perugina nach dem Rechten zu sehen. Der ehrgeizige, damals erst achtzehnjährige Jurastudent stürzte sich mit vollem Einsatz in diese Aufgabe, erarbeitete einen Rettungsplan, organisierte neues Kapital und startete eine Werbekampagne. Tatsächlich schaffte er es, das Ruder herumzureißen und die Firma auf die Erfolgsspur zu bringen. 1915 wurde eine neue Produktionsstätte und Firmenzentrale im Vorort Fontivegge in direkter Nachbarschaft zu Perugias Bahnhof eingeweiht.

Doch am Horizont waren zu diesem Zeitpunkt bereits die nächsten dunklen Wolken aufgezogen: Italien stand kurz davor, in den Ersten Weltkrieg einzutreten. Während Annibale Spagnoli und Giovanni Buitoni wie die meisten männlichen Arbeiter der Società Perugina in den kommenden Jahren an der Front kämpften, übernahm Luisa in der Firma das Ruder – wobei sie ihre Improvisations- und Organisationskünste endgültig unter Beweis stellte. Um die nun vorwiegend weibliche Belegschaft bei der Stange zu halten, führte sie bis dato undenkbare Neuerungen wie eine betriebliche Kinderbetreuung ein. Außerdem nutzte sie die Chance, sich als Nahrungsmittelproduzentin an der Versorgung der italienischen Truppen zu beteiligen. So gelang es unter Luisas Regie, die Società Perugina trotz Rohstoffknappheit und allgegenwärtigen Personalmangels nicht nur zu erhalten, sondern sie sogar weiter wachsen zu lassen. 1918 zählte der Betrieb bereits mehr als hundert Angestellte.

Als Giovanni Buitoni von der Front zurückkehrte, konnte er unverzüglich dort ansetzen, wo er drei Jahre zuvor aufgehört hatte. Die Società wurde in eine Aktiengesellschaft umgewandelt. 1923 übernahm die Familie Buitoni die Mehrheit der Anteile, ab sofort nannte sich die Firma schlicht »Perugina«.

Die ersten Jahre der »Goldenen Zwanziger« waren eine Zeit der Auf- und Umbrüche, und das nicht nur in geschäftlicher Hinsicht. Während sich Annibale Spagnoli mehr und mehr aus dem aktiven Geschäft zurückzog, arbeitete seine Frau Luisa immer enger mit dem jungen Geschäftsführer Giovanni Buitoni zusammen. Die beiden verband offenbar eine Seelenverwandtschaft, die sich weder von gesellschaftlichen und moralischen Grenzen noch von vernünftigen Erwägungen eindämmen ließ. So kam es, wie es kommen musste: Aus dem Führungsduo der Perugina wurde ein Liebespaar. Die Affäre zwischen den beiden blieb nicht lange geheim, und je weiter sich die Gerüchte und der Klatsch über Giovanni und Luisa verbreiteten, desto mehr Sprengkraft erhielt die Angelegenheit.

Annibale brach trotz der für ihn demütigenden

Situation nicht endgültig mit seiner Frau und blieb ihr bis zu ihrem Tod in Liebe verbunden. Von der breiten Öffentlichkeit konnte Luisa jedoch kaum auf vergleichbares Verständnis hoffen. Manche Kreise waren ohnehin davon irritiert, dass eine Ehefrau und Mutter von drei Söhnen ihren Lebensinhalt nicht in erster Linie in der Familie sah, sondern sich stattdessen als Unternehmerin verwirklichte. Als nun auch noch ein vierzehn Jahre jüngerer Liebhaber dazukam, war der Skandal perfekt, und mit der Reputation der Gründerin schien auch das Ansehen des Unternehmens gefährdet. Luisa zog sich jedoch keineswegs zurück, sondern stand offen zu ihren Lebensentscheidungen. Die weitere Entwicklung gab ihr recht: Die genüsslich verbreiteten Geschichten über ihre vermeintliche Schamlosigkeit verloren bald an Neuigkeitswert und wurden von aufregenderem Klatsch abgelöst. Der befürchtete Imageschaden für die Perugina blieb aus.

Dabei hätte sich die Konkurrenz über einen Dämpfer für die Emporkömmlinge aus Umbrien sicher nicht beklagt. Während der zwanziger Jahre trieb das Unternehmen die Platzhirsche aus Norditalien mit immer neuen Süßigkeitenkreationen vor sich her. Der größte Wurf war Luisa bereits 1922 beim Hantieren mit Restbeständen aus der Produktion gelungen. Die Form der Praline, die sich in den kommenden Jahrzehnten zum Flaggschiff des Unternehmens entwickeln sollte, erinnerte an den Knöchel einer geballten Faust. Deshalb wollte Luisa ihre Erfindung kurzerhand *cazzotto* nennen –

»Kinnhaken«. Doch Giovanni Buitoni legte sein Veto ein, weil er bezweifelte, dass die Kunden im Laden gern um einen Faustschlag bitten würden. Stattdessen schlug er einen anderen, sehr viel angenehmer klingenden Namen vor: Bacio – »Kuss«. Dieser Name hat sicherlich zum Erfolg des neuen Produkts beigetragen, doch mindestens genauso entscheidend dürfte der Einfall gewesen sein, jeder Praline einen Zettel mit einem romantischen Sinnspruch beizulegen.

Mit den Baci war die Innovationskraft des Führungsteams in der Produktentwicklung wie im Marketing noch lange nicht erschöpft. Ab 1929 verkaufte man als erster Süßwarenproduzent Italiens fertig bestückte Pralinenschachteln, ab 1934 erlebte die Perugina als Sponsor der im ganzen Land beliebten Radiosendung »I Quattro Moschettieri« einen riesigen Popularitätsschub.

Als Luisa Spagnoli starb, war die von ihr begründete Perugina längst italienweit etabliert, und Giovanni Buitoni sorgte dafür, dass die Erfolgsgeschichte nach dem Tod seiner Geliebten weitergeschrieben wurde. Unter seiner Leitung blieb das Unternehmen auch in den Jahren nach dem Zweiten Weltkrieg bestens im Geschäft und passte sich geschickt dem jeweiligen Zeitgeist an. Ende der achtziger Jahre wurde Buitoni-Perugina zwar vom Schweizer Nestlé-Konzern übernommen, doch der Produktionsstandort in Perugia existiert nach wie vor. Zu ihm gehören heute ein Firmenmuseum und eine Ausbildungsstätte für angehende Chocolatiers. Beim seit 1993 jährlich stattfindenden Festival

»Eurochocolate« bekräftigt Perugia Jahr für Jahr den Anspruch auf den Titel der italienischen Schokoladenhauptstadt.

Bei allen Veränderungen erwies sich Luisa Spagnolis bedeutendste Erfindung in der Welt der Süßigkeiten über viele Dekaden als unverwüstlich. Ihre Baci sind noch immer sprichwörtlich in aller Munde und werden inzwischen in mehr als fünfzig Länder exportiert. In Italien bekommt man sie überall, sie sind die am meisten verschenkte Süßigkeit am Valentinstag und ein Mitbringsel zu jeder Gelegenheit. Sammler bügeln die *messaggi d'amore,* die sich noch immer unter der silbrigen Folie finden, und kleben sie dann sorgfältig in Alben. So manche Liebesbotschaft aus den ersten Jahrzehnten der Perugina wird im Internet zu astronomischen Preisen feilgeboten.

Trotz dieses immensen Erfolgs haben nicht etwa die Baci dafür gesorgt, dass der Name der 1877 in Perugia geborenen Fischhändlerstochter heute in ganz Italien, aber auch in London, Moskau, Sydney und San Francisco ein Begriff ist. Denn »Luisa Spagnoli« steht in unseren Tagen längst nicht mehr in erster Linie für Schokolade, sondern für exklusive Mode made in Umbria.

Bereits zu Beginn der zwanziger Jahre hatte Luisa damit begonnen, in ihrem Garten im beschaulichen Vorort Santa Lucia Geflügel und andere Kleintiere zu halten. Darunter waren auch Angorakaninchen, die sich durch ein extrem langes und sehr weiches Fell auszeichnen. In Italien waren diese Tiere bis dahin nie systematisch gezüchtet worden, und Angorawolle kannte man nur als Importprodukt von meist minderer Qualität, die nicht geeignet war, um daraus hochwertige Kleidungsstücke herzustellen.

Auch hier erkannte Luisa eine Chance, und wieder investierte sie viel Zeit, Energie und Überzeugungskraft, um auch ihr Umfeld von ihrer Vision zu begeistern. Das gut laufende Geschäft mit der Schokolade half bei den ersten Schritten: Einige Arbeitskräfte der Perugina wurden abgestellt, um die Kaninchen aus Luisas Zucht sorgfältig zu kämmen und so genügend Fell für eigene Versuche zu gewinnen. Im Gegensatz zur Schur der Tiere sollte diese Methode besonders feine Wolle hervorbringen. Und tatsächlich war das Ergebnis dieses Verfahrens sehr weich und ließ sich gut weiterverarbeiten. Eine neue Firma mit dem Namen Angora Spagnoli nahm Gestalt an. Das Ziel war, hochwertige, stilvolle und bequeme Kleidungsstücke aus Angorawolle zu produzieren und diese selbst zu vertreiben.

1928 wurden auf der Fiera di Milano erstmals Modelle von Luisa Spagnoli präsentiert. Das große Interesse und die durchweg positiven Reaktionen spornten die Unternehmerin an, ihr Modegeschäft zu professionalisieren. Da das von den eigenen Tieren gewonnene Fell dafür nicht ausreichte, schloss sie Verträge mit achttausend Züchtern im ganzen Land, die nun ebenfalls Angorakaninchen hielten und das Rohmaterial zu Angora Spagnoli nach Perugia lieferten.

Es ist anzunehmen, dass Luisa Spagnoli vieles von dem, was in den nächsten Jahren geschehen sollte, selbst geplant hatte. Die »Città di angora«, eine Produktionsstätte mit Wohn- und Entspannungsmöglichkeiten sowie eigenem Kindergarten für die Familien der Mitarbeiter, die in den vierziger Jahren in Santa Lucia entstand, war von den Idealen geprägt, mit denen die Unternehmerin bereits bei der Perugina ein bis dahin ungekanntes Arbeits- und Lebensumfeld für Angestellte geschaffen hatte.

Leider war es Luisa nicht vergönnt, das Aufblühen ihrer neuen Idee noch selbst mitzuerleben. Ihr Sohn Mario erbte 1937 das Angorageschäft, und in der Folge erwies sich, dass er seiner Mutter an Erfindungsreichtum und Ehrgeiz nicht nachstand. 1940 eröffnete in Perugia die erste Boutique unter dem Namen »Luisa Spagnoli«. In den folgenden Jahren war er bereits mit eigenen Geschäften in den Einkaufsstraßen von Florenz, Rom, Venedig, Neapel und Mailand vertreten. Zu Beginn der fünfziger Jahre wurden die ersten Modelle bei Haute-Couture-Modeschauen gezeigt. Marios Sohn und Nachfolger Lino Spagnoli setzte die Erfolgsgeschichte fort.

Als Lino 1986 unerwartet starb, fiel das Schicksal der Firma plötzlich in die Hände seiner in Amerika lebenden Tochter Nicoletta. Ganz im Sinne ihrer tatkräftigen Urgroßmutter nahm die Einunddreißigjährige diese Herausforderung an und kehrte nach Perugia zurück. In einer für die italienische Wirtschaft zunehmend turbulenten Zeit brachte sie das Kunststück fertig, die Marke behutsam zu erneuern und ihr ein modernes Image zu verleihen. Außerhalb Italiens blieb sie trotzdem lange ein Geheimtipp – bis Kate Middleton im Jahr 2011 bei ihrem ersten offiziellen Auftritt als Verlobte des britischen Prinzen William ein knallrotes Kostüm aus dem Hause Luisa Spagnoli trug. Nun war die Modemarke aus Umbrien endgültig ein Begriff auf der weltweiten Fashion-Landkarte.

Nicoletta Spagnolis Modernisierungskurs hat sich zweifellos ausgezahlt. Und die Frau, die die Geschicke des Unternehmens inzwischen seit mehr als fünfundzwanzig Jahren lenkt, weiß um die Bedeutung dessen, was war. Ihr Motto lautet: »Wer immer nur Richtung Zukunft eilt und dabei seine Vergangenheit vergisst, droht die eigene Identität zu verlieren.«

Wenn Nicoletta zurückblickt, sieht sie eine Urgroßmutter, die bereits vor über hundert Jahren Herausforderungen annahm und meisterte, denen Unternehmerinnen auf der ganzen Welt noch heute gegenüberstehen. Luisa Spagnoli war ihrer Zeit in vielen Belangen weit voraus und schaffte es gerade deshalb, denjenigen, die nach ihr kommen, Ansporn und Vorbild zu werden. Sie ließ sich nie einschüchtern, überwand Grenzen und vertraute auf ihre eigene Stärke. Nicht zuletzt verließ sie sich auf die Kraft ihrer Fantasie, um den Menschen bieten zu können, was das Leben jenseits aller nüchternen Notwendigkeit erst wirklich lebenswert macht: *bellezza e godimento* – Schönheit und Genuss.

Bauern, Schmuggler, Anarchisten

Die Geschichte der kleinsten Republik der Welt

> *Perpetua et firma libertas*
>
> *Immerwährende und unerschütterliche Freiheit*
>
> INSCHRIFT AN DER KIRCHE VON COSPAIA

Ein Staat ohne Regierung. Ein Leben ohne Gesetze und Gerichte, eine Gesellschaft ohne Militär und Polizei, eine Wirtschaft ohne Steuern, Abgaben oder Zölle. Was klingt wie eine Utopie, war auf einem zwei Kilometer langen und fünfhundert Meter breiten Landstrich am nordöstlichen Rand Umbriens für dreihundertfünfundachtzig Jahre Wirklichkeit. Weder die Macht eines weltlichen Fürsten noch die des Papstes reichte über die Grenzen der Republik von Cospaia, sodass in ihr Verfolgte Zuflucht fanden und man sich sorglos durch den Anbau des andernorts verpönten und verbotenen »Teufelskrauts« bereichern konnte.

Ein unbeugsamer Hort der Freiheit, wie er bei der alljährlichen Festa della Repubblica immer wieder heraufbeschworen wird? Oder war der Hügel zwischen Sansepolcro und San Giustino einfach zu klein und unbedeutend, um Päpste und Fürsten wirklich zu interessieren? War diese skurrile Republik bloß ein Spielball mächtiger Interessen – geduldet, solange ihre Existenz Nutzen brachte, und am Ende mithilfe weniger Silbermünzen von der Landkarte getilgt? Wie auch immer man die Vergangenheit des idyllischen Landstrichs beurteilen möchte – unbestreitbar ist, dass das unscheinbare Dorf Cospaia als »kleinste Republik der Welt« Geschichte schrieb.

Diese Geschichte beginnt mit einem Schuldschein. Im Jahr 1431 übernahm der gebürtige Venezianer Gabriele Condulmer das Amt des Papstes. Von Beginn an focht Eugen IV., wie er sich nun nannte, einen erbitterten und sehr teuren Machtkampf mit dem in Basel tagenden Konzil seiner Kirche aus. Die für diesen Kampf benötigten finanziellen Mittel – fünfundzwanzigtausend Goldflorin – lieh sich der klamme Kirchenfürst bei den Medici in Florenz. Als zehn Jahre später die Rückzahlung des Darlehens anstand, war der Papst jedoch nicht flüssig. Aber die Medici hatten vorgesorgt. Die für den absehbaren Zahlungsausfall vereinbarte Sicherheit: das Städtchen Sansepolcro, auf dem Gebiet des Kirchenstaats direkt an der Grenze zur Toskana gelegen.

Die Übergabe wurde im Jahr 1441 vollzogen. Die Kartografen beider Seiten machten sich sogleich daran, die neue Grenze zwischen den beiden Machtbereichen in alle offiziellen Landkarten einzutragen – mit einem kleinen, aber folgenreichen Unterschied. Für einen bestimmten Abschnitt der Grenze hatte man einen Fluss namens »Rio« als entscheidende Landmarke auserkoren. Dabei war nicht beachtet worden, dass in der Gegend zwei Wasserläufe westlich und östlich einer Erhebung diesen Namen trugen. In Florenz entschied man sich für den, der näher bei Sansepolcro floss, während man in Rom denjenigen bei San Giustino wählte. Somit wurde der Hügel zwischen den beiden Gewässern und das auf diesem Hügel liegende Dörfchen Cospaia plötzlich von keiner der beiden Seiten mehr beansprucht. Als die Bewohner das bemerkten, machten sie unverzüglich Nägel mit Köpfen und riefen die unabhängige Repubblica di Cospaia aus.

Die Bevölkerung dieser Republik bestand aus einfachen Leuten, die von der Landwirtschaft lebten. Um die Beziehungen zu den Nachbarstaaten kümmerte sich fortan in erster Linie der Pfarrer – wahrscheinlich, weil er der Einzige unter den dreihundertfünfzig Einwohnern war, der lesen und schreiben konnte. Über alle wichtigen Fragen, die die Gemeinschaft betrafen, entschied ein Ältestenrat oder die Versammlung der Familienoberhäupter. Ansonsten war in der Republik von Cospaia jeder seines Glückes Schmied, man kümmerte sich selbst um seine Angelegenheiten.

Natürlich fiel auch in Florenz und Rom bald auf, dass man da irrtümlich ein eigenartiges Niemandsland geschaffen hatte, dessen Bewohner sich nun dreist jegliche Fremdherrschaft verbaten. Doch überraschenderweise ließen die mächtigen Nachbarn das Dorf Cospaia gewähren. Offenbar war man nicht bereit, wegen dieses praktisch bedeutungslosen Stückes Land an den Verhandlungstisch zurückzukehren. Erst vor einem Jahr hatten Florenz und Rom in der Schlacht von Anghiari – nur wenige Kilometer von Cospaia entfernt – mit vereinten Kräften die Mailänder geschlagen. Ein Bündnis, das die Machthaber in beiden Städten keinesfalls durch neue Grenzstreitereien gefährden wollten. Wahrscheinlich dachte man dabei auch an die Vorteile solch einer »neutralen Zone« zwischen beiden Ländern, wenn man inoffizielle Geschäfte und heimliche Transaktionen abwickeln wollte.

So konnte sich der winzige Staat im Windschatten der großen Politik in seiner Nische einrichten. Bald wehte auf den Häusern Cospaias die neue schwarz-weiße Fahne der Republik, die von den Nachbardörfern *Repubblica di cuccagna* genannt wurde, was so viel heißt wie »gelobtes Land« oder »Republik der Glückspilze«. Tatsächlich profitierten viele Bewohner von ihrem neuen Status der Unabhängigkeit. Frei von allen Abgaben und Steuern erwirtschafteten sie mit ihren Äckern nun deutlich höhere Profite. Und was es im eigenen Land nicht gab – beispielsweise einen Arzt oder eine Getreidemühle für die eigene Ernte –, das konnte man nach wie vor im benachbarten San Giustino auf dem Boden des Kirchenstaats in Anspruch nehmen, auch wenn man dafür jetzt eine Grenze überquerte.

Doch der wahre Boom folgte erst noch. Nach über hundertdreißig Jahren der Unabhängigkeit gelangte eine bis dahin unbekannte Pflanze nach Cospaia, die fortan zu einer tragenden Säule der örtlichen Wirtschaft werden sollte. Der Bischof von Sansepolcro hatte von seinem Neffen Samen eines in der Neuen Welt entdeckten Gewächses geschenkt bekommen. Nach der Insel Tobago nannte man die

Pflanze *tabacco*. Der Bischof ließ die Samen in seinem Garten einpflanzen, und der Tabak gedieh dort so hervorragend, dass sich bald auch in Cospaia einige Ableger fanden. Tatsächlich war die Republik kurz darauf einer der ersten Orte in Italien, an denen man diese Pflanze großflächig kultivierte.

Der Tabak trat binnen weniger Jahre einen Siegeszug innerhalb der gehobenen Kreise Europas an. Und je beliebter das Rauchen wurde, desto mehr zahlte sich der Anbau aus. In vielen Ländern forderten die Regierenden ihren Teil an den Gewinnen ein, indem sie hohe Steuern und Zölle erhoben. Auch im Kirchenstaat wurden diese Einnahmen keineswegs verschmäht – obwohl man das neue Hobby der Oberschicht mit Skepsis betrachtete und vonseiten des Heiligen Stuhles beklagte, dass Tabak mancherorts inzwischen sogar während der Messe genossen würde. Das ging so weit, dass Papst Urban VIII. im Jahr 1624 allzu exzessiven Rauchern mit Exkommunikation drohte.

Cospaia, das weiterhin ohne Regulierungen auskam, profitierte von jeder Einschränkung und jeder Abgabe, die anderswo für den Anbau und den Verkauf von Tabak eingeführt wurde. Längst ein sicherer Hafen für diejenigen, die in der Toskana oder im Kirchenstaat mit dem Gesetz in Konflikt geraten waren, wurde sie nun nach und nach zu einer Handelsdrehscheibe. Die »Republik der Glückspilze« hatte sich einen weiteren Spitznamen erarbeitet: Fortan nannte man sie auch *Repubblica del tabacco*.

So gut der Tabak an den Hängen des Hügels gedieh – einen Nachteil hatte er im Vergleich zu den dort bisher angebauten Kulturpflanzen: Er musste in der sommerlichen Trockenperiode bewässert werden. Um die dafür nötigen Reserven vorhalten zu können, legte man am Rand des Dorfes kurzerhand einen kleinen künstlichen See an.

Dieser See existiert noch immer. Wer von Città di Castello in Richtung Sansepolcro fährt und in San Giustino einem unscheinbaren Wegweiser zur Antica Repubblica di Cospaia folgt, kann seinen Wagen direkt am Ufer abstellen. Vielleicht sind gerade einige Mitglieder des örtlichen Fischereivereins vor Ort und bewachen auf Klappstühlen sitzend ihre Angelruten, in der Hoffnung auf einen Karpfen oder einen Stör für die abendliche *cena* mit der Familie.

Nur wenige Schritte bergauf beginnt die Ortschaft, die Straße schlängelt sich zwischen einigen dicht gedrängten Häusern mit unverputzten Fassaden hindurch. Unter einem Fenster hängt das alte Wappen der Republik, nebenan weist eine Gedenktafel darauf hin, dass sich in diesem Gebäude seit dem 18. Jahrhundert der Sitz des Ältesten- und Familienrats von Cospaia befunden habe. Eine Katze huscht unter ein am Wegesrand geparktes Auto, aus einem geöffneten Fenster dringt gedämpft der Ton eines Fernsehers. Etwas weiter vorne öffnet sich linker Hand der Blick in die Toskana, über die Dächer von Sansepolcro in der Ebene bis zum dahinterliegenden Höhenzug, an den sich die Häuser von Anghiari klammern.

Nahe der Kirche endet der Ortskern von Cospaia,

der Weg führt an gepflegten Gärten einiger größerer Anwesen vorüber: hier ein paar Olivenbäume, dort ein Gemüsebeet, daneben ein Hühnerkäfig, dessen Bewohner leise gackern. Die Straße verschwindet nun im Wald. Eine Tafel am Wegesrand zeigt eine Karte der Umgebung mit eingezeichneten Wanderrouten. Wer heute noch den Weg in diese Gegend findet, kommt her, um zu entspannen und die Natur zu genießen. Ein idyllischer, geheimnisvoller Landstrich mit einer wechselhaften Vergangenheit. Die Pfade, die durch die dunklen Wälder auf den Hügeln nördlich und östlich von Cospaia in die Marken führen, sind alte Schmugglerrouten, die die kleine Republik einst mit weit entfernten Ortschaften auf der Apennin-Halbinsel und nicht zuletzt mit den Häfen der Adriaküste verbanden.

Schwer beladene Lasttiere und Menschen, die es aus welchem Grund auch immer vorzogen, im Verborgenen zu reisen, kamen und gingen über diese Routen. So erhielt das Dorf Cospaia, in dem sich inzwischen Warenlager von Händlern aus Genua, Livorno und Neapel befanden, irgendwann den Ruf, nicht nur seinen Reichtum auf zweifelhafte Weise zu erwirtschaften, sondern nebenbei auch ein Unterschlupf für zwielichtige Gestalten aller Art zu sein.

Bereits im 18. Jahrhundert begannen ernsthafte Diskussionen zwischen dem Großherzogtum Toskana und dem Kirchenstaat darüber, wie man dem die eigenen Geschäfte inzwischen empfindlich störenden Treiben des Zwergstaates ein Ende setzen könnte. Doch wie schon zu Beginn ihrer Geschichte wurde die Republik immer wieder durch dringendere Probleme von der Tagesordnung verdrängt. Als die Folgen der Französischen Revolution und die Napoleonischen Kriege ganz Europa erschütterten, verschwand sie erneut aus dem Blickfeld der Diplomatie.

Aber die Verschnaufpause währte nur kurz. Der Kontinent war mit den Beschlüssen des Wiener Kongresses erst seit wenigen Jahren wieder zur Ruhe gekommen, da schickte sich der strenge Papst Leopold XII. an, das Problem an der Grenze endgültig aus der Welt zu schaffen. Das Glück, das die *cospaiesi* so lange hatte gewähren lassen, war offenbar aufgebraucht. Rom und Florenz wurden sich diesmal schnell einig: Das Dorf würde sich wieder dem Kirchenstaat unterordnen müssen.

Gemeinsam setzte man nun den fünfzehn Familienoberhäuptern, die den Rat der Republik bildeten, das Messer an die Brust. Das Angebot, das der Rat nicht ablehnen konnte, enthielt die Erlaubnis, weiterhin bis zu einer halben Million Tabakpflanzen pro Jahr anzubauen. Außerdem wurde eine Zahlung von einer Silbermünze pro Kopf in Aussicht gestellt. Am Ende war die dreihundertfünfundachtzig Jahre lang behauptete Unabhängigkeit nicht mehr wert als einen *papetto*. So lautete der spöttische Name, den die *cospaiesi* diesem Geldstück wegen des aufgeprägten Konterfeis des Papstes gaben.

Damit endete im Jahr 1826 die Geschichte einer Utopie. Aber wenn man sie auch nicht mehr auf der Landkarte findet, so ist die Republik von Cospaia doch keineswegs ganz verschwunden. Sie kehrt immer wieder zurück in der Erinnerung, die im Juni jedes Jahres mit einem großen Fest heraufbeschworen wird, bei dem die Nachkommen der Republikaner ihren Kindern von den Taten der Vorfahren erzählen. Sie lebt in den Sehnsüchten all derer, die sich ein selbstbestimmtes und unabhängiges Dasein wünschen, und in dem Hauch von Geschichte, der noch heute die Wanderer auf den alten Schmugglerpfaden umweht.

Und nicht zuletzt hat der Staat ohne Regierung und Gesetze Eingang in den umfangreichen Kanon umbrischer Sprichwörter gefunden. Denn wenn es einmal besonders ungeordnet zugeht, dann sagt man hier noch immer: »*È peggio della Repubblica di Cospaia!*« – »Das ist ja schlimmer als in der Republik von Cospaia!«

Das Erbe der Umbrischen Schule

Wie Alberto Burri die Kunstwelt eroberte

> *Perché questo è importante: essere per significare, esistere per esprimere.*
>
> *Denn darauf kommt es an: sein, um etwas zu bedeuten, leben, um etwas auszudrücken.*
>
> ALBERTO BURRI

Alberto Burri ist eine Zumutung. Ohne Lehrer und scheinbar ohne Vorbilder taucht er in der Kunstszene des noch vom Zweiten Weltkrieg erschütterten Landes auf. Sein Werk ist eine rätselhafte, abstrakte Provokation. Viele sehen darin eine Anmaßung, für manche ist es sogar eine Verhöhnung jeder figürlichen Darstellung. Tatsächlich will Burri nicht etwas abbilden, so wie es unzählige Künstlergenerationen vor ihm taten, sondern stattdessen die für seine Arbeiten verwendeten Materialien in Szene setzen. Anfangs nutzt er meist Sackleinen, später werden Metall, Holz und Plastik hinzukommen, oft in Bruchstücken, versehrt, geschmolzen, angesengt oder zerrissen.

Dieser Mann ist ein Ärgernis – aber eines, das aufwühlt, fasziniert und vor allem Neugierde weckt. Und so geht der 1915 im umbrischen Città di Castello geborene Burri, der vor dem Krieg in Perugia ein Medizinstudium absolvierte, unbeirrt und unaufhaltsam seinen Weg: von der ersten Einzelausstellung in Rom innerhalb weniger Jahre bis ins Guggenheim Museum in New York, zur documenta in Kassel und auf die Biennale in Venedig. Ende der fünfziger Jahre gilt er bereits als einer der bedeutendsten italienischen Künstler seiner Zeit, und er wird diesen Rang in den folgenden Dekaden behaupten. In seiner Arbeit stets kompromisslos, wirkt der zierliche Burri als Person leise und zurückhaltend, beinahe schüchtern. Was er ausdrücken wolle, werde im Bild deutlich, meint er. Worte dagegen umkreisten das Werk nur sinnlos, sie bedeuteten ihm nichts.

Fachleute wie Laien suchen natürlich trotzdem nach Erklärungen und stellen mehr oder weniger fundierte Theorien auf. Sicher ist, dass Alberto Burri in dem Lager, in dem er als Kriegsgefangener in den USA interniert war, mit seiner speziellen Form der Malerei begann. Dort musste er gezwungenermaßen mit den wenigen Dingen arbeiten, die ihm zur Verfügung standen – zum Beispiel mit Kartoffelsäcken. Die Art, wie er mit seinem Material umgeht, verknüpfen viele Interpretationsversuche mit Burris mutmaßlichen Kriegserlebnissen und seinem beruflichen Hintergrund als Mediziner. Demnach werden von Burri Wunden aufgerissen und teilweise wieder verschlossen, die Betrachter stehen letztlich vor den Narben und Löchern, die von diesen Prozeduren zeugen.

Andere haben versucht, die Eigenarten von Burris Kunst im Zusammenhang mit der Beschaffenheit seiner Heimatregion zu erklären. Ist das Rohe und Ungeschönte seiner Werke nicht vergleichbar mit der rauen Ursprünglichkeit Umbriens? Erinnern die absichtlich erzeugten Unebenheiten in seinen Bildern nicht an diese von Bergen und Hügeln geprägte Landschaft? Ist das demonstrative Nebeneinander grober und feiner Texturen ein Hinweis auf den Flickenteppich aus Wäldern und Feldern, der sich rund um Città di Castello und Perugia erstreckt?

Sicher ist, dass Umbrien Alberto Burri trotz seines internationalen Erfolgs nie loslässt. Er heiratet eine amerikanische Tänzerin, reist für Ausstellungen um die ganze Welt, hat einen Wohnsitz in Kalifornien und später in Südfrankreich. Gleichzeitig bleibt er seinen Wurzeln treu und kauft ein Haus nahe Città di Castello, wo er in der Folge einen Teil jedes Jahres verbringt. Außerdem richtet er in seiner Heimatstadt zwei Ausstellungshäuser für seine Werke ein: zum einen den 1981 eröffneten, zentral gelegenen Palazzo Albizzini und zum anderen die Ex Seccatoi del Tabacco – riesige Hallen, in denen früher der im Tibertal angebaute Tabak getrocknet wurde und die genügend Platz für Burris große Bilderzyklen und Skulpturen bieten. So entsteht in einer Vierzigtausend-Einwohner-Stadt im Norden Umbriens nach und nach ein Museumskomplex, der jeder Metropole gut zu Gesicht stünde.

Burri ist längst nicht der erste Umbrer, der seine Heimat auf die Landkarte der Kunstwelt bringt – das haben in früheren Epochen andere besorgt. Vor allem ab Mitte des 15. Jahrhunderts, als sich in Rom und Florenz die Meister der Renaissancemalerei zu immer neuen Höhenflügen anstachelten, entwickelte sich die Region zu einer Talentschmiede, der die Forschung später den Namen »Umbrische Schule« verlieh. Wer zu dieser Schule zu zählen ist, ist längst nicht in jedem Fall eindeutig geklärt. Schließlich geht es um eine Epoche, in der ein Netz aus sich gegenseitig befruchtenden Werkstätten viele Regionen Italiens und Europas überzog und Künstler ihre Wirkungsorte häufig wechselten. Manche kamen erst nach Umbrien, nachdem sie anderswo bereits Großes geleistet hatten. Andere verbrachten prägende Ausbildungsjahre bei umbrischen Meistern, um sich dann in Rom, Florenz oder Venedig einen Namen zu machen – wie etwa Raffaello Santi, der nach Lehrjahren in Perugia und Florenz letztlich im Dienst des Vatikans Kunstwerke für die Ewigkeit schuf. Bis heute gilt er als einer der bedeutendsten Maler aller Zeiten, aber darüber, ob er der Umbrischen Schule zuzuordnen ist, ist man sich nicht einig.

Keinen Zweifel gibt es diesbezüglich bei einem, der nicht nur Lehrer Raffaels war, sondern auf dem Höhepunkt seines eigenen Schaffens von seinen Zeitgenossen als *pittore divino*, »göttlicher Maler«, bezeichnet wurde: Pietro Vannucci. Schon sein Künstlername Perugino weist unverkennbar auf seine umbrische Herkunft und Wirkungsstätte hin. Um 1446 in Città della Pieve geboren, erarbeitete er sich in seinen jungen Jahren in und um Perugia den Ruf eines begnadeten Künstlers. Seine Bilder wurden für ihre bis dahin ungekannte Klarheit gelobt, seine Figuren für ihre erhabene Ausstrahlung, seine Darstellung der die Menschen umgebenden Landschaft und Architektur für die virtuose und verblüffende Technik der Perspektive. So wurde man sogar am päpstlichen Hof in Rom auf Perugino aufmerksam und berief ihn in den exklusiven Kreis der Meister, die seinerzeit an der Dekoration der Sixtinischen Kapelle arbeiteten. Der Umbrer steuerte dazu mehrere Fresken bei, darunter mit der »Schlüsselübergabe« von Christus an Petrus eines seiner bis heute berühmtesten Werke. Nun war der Durchbruch endgültig geschafft, Perugino stand unbestritten auf einer Stufe mit den größten Künstlern seiner Zeit, war geachtet und gefragt. Seine Werkstatt in Florenz lieferte Arbeiten für hochkarätige Auftraggeber in ganz Italien, in Perugia engagierte ihn die einflussreiche Zunft der Geldwechsler, um deren Audienzsaal im Priorenpalast repräsentativ auszugestalten. Die daraufhin entstandenen Fresken Peruginos im Collegio del Cambio zählen Fachleute bis heute zu den Meilensteinen nicht nur der Umbrischen Schule, sondern der italienischen Malerei an der Schwelle zum 16. Jahrhundert insgesamt. Vielleicht verkörpern diese Arbeiten tatsächlich den Zenit der Fähigkeiten Peruginos. Jedenfalls befand sich der Künstler bei ihrer Fertigstellung im Jahr 1500 auf dem Höhepunkt der öffentlichen Anerkennung.

Wenige Jahre später begann sich der Wind für den erfolgsverwöhnten Umbrer zu drehen. Plötzlich nahmen Auftraggeber die neuesten für sie angefertigten Arbeiten mit deutlicher Zurückhaltung entgegen. Peruginos Bilder in der Basilica della Santissima Annunziata in Florenz fielen beim anspruchsvollen einheimischen Publikum sogar mit Pauken und Trompeten durch. Papst Julius II. war von den Fresken, mit denen der Umbrer im Jahr 1508 einen Raum im Vatikan verziert hatte, so wenig angetan, dass er sie wenig später von Raffael übermalen ließ. Perugino zeigte sich von der harschen Kritik konsterniert. Er habe nichts verändert, meinte er, und liefere noch immer genau das, was vor Kurzem von allen mit höchstem Lob bedacht worden sei.

Tatsächlich hatten sich nicht etwa Peruginos Arbeiten geändert, sondern die Werke, mit denen sie verglichen wurden. Genies wie Michelangelo und Leonardo verstanden es, alte Schemata zu durchbrechen und ihren Bildern eine bisher ungekannte Dramatik zu verleihen, individuelle Charaktere zu zeichnen, furchterregende Abgründe aufzureißen und im nächsten Augenblick zu verzückenden Höhenflügen anzusetzen. Daneben galten Peruginos Kompositionen plötzlich als zu harmonisch und unflexibel, seine Figuren als affektiert, die Gebäude und Landschaften in seinen Hintergründen als steril – seine ursprünglichen Stärken erschienen nun beinahe allesamt wie Schwächen.

In den großen Zentren der Kunst nicht mehr gefragt, zog sich der Meister fortan in seine Heimatregion zurück, schuf zuletzt Fresken in umbrischen Städten wie Spello, Foligno und Trevi und starb 1523 in der kleinen Ortschaft Fontignano. Seine bahnbrechenden Leistungen sprachen stets für sich und wurden von der Nachwelt nie bestritten, sondern stets hoch gelobt. Doch das harsche Urteil mancher Zeitgenossen über Peruginos Spätwerk hallte lange nach und wirkte sich nicht nur auf sein Image, sondern auf das der gesamten, durch ihn als zentrale Figur repräsentierten Umbrischen Schule aus: Technisch zweifellos meisterhaft, sei doch vieles, was diese Künstler geschaffen hätten, sehr gefällig und wenig aufregend. Die Motive beschränkten sich fast ausschließlich auf Religiöses, die Ausführung verharre in Althergebrachtem. Keine Avantgarde, sondern so provinziell wie das ganze unwegsame, tendenziell rückständige und vom Weltgeschehen oft unberührt gebliebene Umbrien.

In jüngerer Zeit haben sich Kunsthistoriker bemüht, dieses Vorurteil zu widerlegen. Ein Meilenstein war in diesem Zusammenhang die Ausstellung »Perugino. Il divin pittore« in Perugias Galleria Nazionale dell'Umbria, bei der 2004 eindrucksvoll gezeigt wurde, wie sich Peruginos Werke auch in seinen letzten zwanzig Lebensjahren noch weiterentwickelten. Auch das gelegentlich als »zu verspielt« geschmähte Werk des nur vier Jahre jüngeren zweiten großen Stars der Umbrischen Schule, Bernardino di Betto, genannt Pinturicchio, erfährt inzwischen neue Würdigung. Es zeigt sich: Vieles von dem, was das kleine Umbrien in der Zeit der Renaissance an Kunstwerken hervorgebracht hat, kann durchaus neben den Erzeugnissen großer italienischer Kulturzentren wie Rom, Florenz oder Venedig bestehen.

Provinzialität muss sich Alberto Burri nie vorwerfen lassen, nachdem er fünfhundert Jahre später mit völlig neuen Materialien und Methoden die Bühne der Kunstwelt betreten hat. Doch auch er sieht sich im Lauf seiner Karriere immer wieder starkem Gegenwind ausgesetzt. Von Beginn an gibt es Kritiker und Publizisten, die mit seiner Form der Abstraktion nichts anfangen können und seinem Werk das Künstlerische absprechen. »So weit sind wir gekommen!«, titelt etwa die Zeitung *La Notte* empört, als Burri 1959 mit dem Mailänder Premio dell'Ariete ausgezeichnet wird. Wiederholt melden sich einflussreiche Personen zu Wort, die Burris archaische, ungeschönte Arbeiten in die Ecke des Unreinen und Ekelerregenden stellen. So spricht der angesehene Politiker Umberto Terracini im Parlament abschätzig von »altem, dreckigem und zerrissenem Packleinen«, das das Museum für Moderne Kunst der Hauptstadt in seine Sammlung aufgenommen habe. 1961 muss eine Ausstellung von Burris »Sacchi« in der römischen Galerie La Medusa auf Anordnung des Gesundheitsamts »aus hygienischen Gründen« schließen. Gleiches geschieht Ende der siebziger Jahre in Turin, als sich eine Dame nach ihrem Besuch in der Galleria d'Arte Moderna schockiert ob all der angeblich von Mikroben wimmelnden Werke bei der entsprechenden Behörde der Stadt meldet.

Alberto Burri lässt sich von derlei Rückschlägen nicht irritieren, und der langfristige Erfolg gibt ihm recht. Als er 1995 kurz vor seinem achtzigsten Geburtstag in Südfrankreich stirbt, ist die Bedeutung seiner Kunst italien- und weltweit unbestritten. Und seine Arbeiten beeindrucken das Publikum über den Tod ihres Schöpfers hinaus. Etwa in Sizilien, wo der Umbrer die Ruinen des bei einem Erdbeben vollkommen zerstörten Dorfes Gibellina unter einer eineinhalb Meter hohen Betonschicht begraben ließ, oder in Ravenna, wo die riesige, rostrot lackierte Stahlskulptur »Grande Ferro R« vor dem Eingang zum Palazzo Mauro De André zu bestaunen ist – und natürlich in einigen der bedeutendsten Ausstellungshäusern der Welt. Der Kunstmarkt drückt kurz nach Burris hundertstem Geburtstag seine Wertschätzung für den Umbrer aus, indem Sotheby's das Werk »Sacco e Rosso« von 1959 für mehr als neun Millionen Pfund versteigert – und damit den bis dahin höchsten für ein Bild von Burri erzielten Preis mal eben verdoppelt.

»Wer die besten Burris sehen will, wird hierherkommen müssen, nach Umbrien, nach Città di Castello.« Mit diesen Worten an seine Frau hat Alberto Burri den Stellenwert, den er seiner Heimat auch in Bezug auf sein Werk einräumte, vor seinem Tod noch einmal bekräftigt. Natürlich sprach er dabei von den beiden von ihm selbst konzipierten und nun von der Fondazione Burri betriebenen Ausstellungshäusern in seiner Geburtsstadt: dem Palazzo Albizzini und den Tabakhallen. Tatsächlich ist es nirgendwo anders auf vergleichbare Weise möglich, in die Welt dieses Ausnahmekünstlers einzutauchen. Das ist in erster Linie der Fülle von Bilderzyklen, Plastiken und Grafiken zu verdanken, die hier wohlsortiert und in perfekt auf sie abgestimmtem Ambiente besonders wirkungsvoll präsentiert werden. Dazu kommt ein multimedialer Dokumentationsbereich, in dem die Besucher dem ebenso rätselhaften wie faszinierenden Menschen Alberto Burri anhand exzellent aufbereiteter Fotos, Videos und Texte aus seiner gesamten Lebens- und Schaffenszeit erstaunlich nahekommen können. Der Meister hat recht behalten: Wer ihm wirklich begegnen will, sollte es hier tun.

Doch es ist in Umbrien auch möglich, von Burri überrascht zu werden. Zum Beispiel in den Gewölben der ehemaligen Rocca Paolina von Perugia, direkt unter den Giardini Carducci, in denen ein in Bronze gegossener Perugino an die künstlerische Blütezeit der Region während der Renaissance erinnert. Völlig unerwartet taucht eine siebeneinhalb Meter hohe und etwa zweieinhalb Meter breite Wand aus schwarz lackiertem Stahlblech auf. In ihrem oberen Drittel dreht sich ein halbkreisförmiger Ausschnitt in einer zunächst kaum wahrnehmbaren Bewegung sehr langsam um die eigene Achse, weshalb der Gesamteindruck der Skulptur nie statisch bleibt, sondern sich permanent verändert.

Der »Grande Nero« wurde 1984 hier aufgestellt, an einem Ort, an dem die Vergangenheit in jedem Winkel ihre Spuren hinterlassen hat. Mauern wurden errichtet, durchbrochen und später wieder notdürftig geflickt. Die großen Pflastersteine haben sich unter den Füßen von Generationen verformt, altersschwache Backsteine bröckeln unter dem Gewicht der Jahrhunderte. Und mittendrin plötzlich diese makellos glatte Oberfläche. Exakte Winkel und scharfe Kanten, die die Bögen des Gewölbes nachzeichnen und dabei doch in auffälligem Kontrast zu ihnen stehen. Rätselhaft, verblüffend, einzigartig – so wie Alberto Burri selbst.

Rückkehr nach Perugia

Die Botschafterin Italiens in der Welt

Antiquam exquirite matrem

Sucht die alte Mutter auf!
ZITAT AUS HOMERS ODYSSEE, MOTTO DER UNIVERSITÀ PER STRANIERI DI PERUGIA

Ich trete näher an die steinerne Balustrade, mein Blick schweift über die rostroten Ziegeldächer und bleibt dann am Arco Etrusco, dem riesigen Stadttor aus vorrömischer Zeit, hängen. Eine Taube landet neben mir auf dem Pflaster der Dachterrasse, trippelt ein paar Schritte auf mich zu und flattert kurz darauf wieder davon. Von der belebten Piazza Grimana dringt Verkehrslärm herauf.

Hier war mein Lieblingsplatz. Manchmal kam ich morgens extra etwas früher, um vor Vorlesungsbeginn noch ein paar Minuten diese einzigartige Aussicht zu genießen und mir die noch tief stehende Sonne ins Gesicht scheinen zu lassen. Oft wehte dabei eine ziemlich kühle Brise über die Dachterrasse, das schien mir das letzte Aufbäumen der kalten Jahreszeit, während man den nahenden Sommer bereits in der ganzen Stadt sah und fühlte.

Heute ist ein drückend heißer Septembertag, die ganze Stadt sehnt sich nach Schatten. Das dürfte der Grund dafür sein, dass ich hier oben in der prallen Sonne vollkommen allein bin – von ein paar Tauben abgesehen. Ich verharre noch einige Minuten, dann trete ich wieder durch eine der vielen zweiflügligen verglasten Türen, die von der umlaufenden Terrasse in die Innenräume des fünften Stockwerks des Palazzo Gallenga führen. Die Zimmer und Flure sind in diesem Bereich vergleichsweise schmucklos und momentan verwaist. Vor fünfzehn Jahren war das nur selten so. Als WLAN noch nicht allgegenwärtig war, waren die Computerarbeitsplätze mit Internetanschluss hier besonders begehrt.

Während mich der Lift leise summend nach unten transportiert, fällt mein Blick auf das Plakat, das jemand an die Innenseite der Kabine geklebt hat. Die Ankündigung des Vortrags, den Professor Massimo Torzi heute um achtzehn Uhr hier im *palazzo* halten wird. Thema: Die italienische Literatur im ausgehenden 19. und beginnenden 20. Jahrhundert. Ich ziehe mein Handy aus der Handtasche und werfe einen Blick auf das Display. Bis zu meiner Verabredung habe ich noch etwas Zeit – und ich weiß schon, wie ich die füllen werde.

Der Lift hält im Erdgeschoss, die Türen öffnen sich quietschend, ich trete hinaus und bin plötzlich von einer Menge junger Leute umgeben. In Gruppen kommen sie den stuckverzierten Treppenaufgang herunter, der zu den Empfangssälen und Unterrichtsräumen im ersten Stock führt. Ihr Lachen und Scherzen erfüllt die Eingangshalle mit einem vielstimmigen Kauderwelsch.

Italienische Worte und Sätze, ausgesprochen mit starkem amerikanischem, deutschem oder slawischem Akzent, alle nur denkbaren Haar- und

Hautfarben, skandinavische, asiatische und südamerikanische Gesichtszüge. Die legere Kleidung, all die lässig über die Schultern geworfenen Rucksäcke und Taschen wollen auf den ersten Blick nicht so recht in diese edle Umgebung passen. Und doch weiß ich, dass es eben diese Menschen sind, die dem altehrwürdigen Palazzo Gallenga jedes Semester neues Leben einhauchen.

Vor fünfzehn Jahren war ich eine von ihnen. Ich erinnere mich, wie ich am ersten Tag von einem stickigen Büro ins nächste geschickt wurde: hierhin für die Anmeldung zum Einstufungstest, dorthin für Fragen zur Unterkunft, ins Untergeschoss zur Einschreibung für Kurse und Vorlesungen. Als wäre der erste Tag ein Basisseminar zum Thema »italienische Bürokratie«. Glücklicherweise blieb dabei niemand lange allein. In den Warteschlangen vor den Büros kam ich schnell mit anderen Neulingen aus aller Welt ins Gespräch. In dieser bunt zusammengewürfelten Gemeinschaft suchte jeder möglichst schnell Anschluss.

Ich verlasse den *palazzo* ebenso wie die Studenten, von denen sich die meisten durch den Arco Etrusco in Richtung Zentrum verflüchtigen. Ich wende mich zur entgegengesetzten Seite, gehe an der Flanke des *palazzo* entlang, überquere die Hauptstraße und betrete eine schmale Gasse, die mich in ein pittoresk verfallenes Wohnviertel führt.

Die Universität hatte mir ursprünglich ein Zimmer in einer Wohngemeinschaft in einem etwa eine Viertelstunde Fußweg vom Palazzo Gallenga entfernt liegenden Haus zugeteilt. Keine Luxusunterkunft, aber annehmbar. Dass ich trotzdem bereits in der ersten Nacht beschloss auszuziehen, lag nicht etwa an meinen Mitbewohnerinnen, mit denen ich mich sofort bestens verstand. Der Grund war die stark befahrene Straße, die rund um das Anwesen führte und auf der der Verkehr bis in die frühen Morgenstunden kaum nachließ.

Meine Frage im entsprechenden Büro der Universität ergab, dass man mir leider nur eine einzige Alternative anbieten könne. Es handle sich um ein ruhiges, aber sehr kleines und einfaches *monolocale*. Ich erinnere mich noch heute daran, wie die zuständige Dame seufzte und mich skeptisch über ihren Computerbildschirm hinweg ansah. Keine Frage, dass sie an meiner Stelle im WG-Zimmer geblieben wäre. Doch ich zögerte keinen Augenblick und entschied mich sofort für die Alternative.

Ich bin noch immer mitten in Perugia, keine hundert Meter vom Trubel auf der Piazza Grimana entfernt – doch man könnte glauben, das hier sei ein verschlafenes und ein bisschen aus der Zeit gefallenes Dorf. In einem der dicht an dicht stehenden Gebäude mit abblätterndem Putz und rostigen Balkongeländern erkenne ich das Wohnhaus unseres damaligen *professore* für italienische Grammatik wieder. Wie hieß er noch? Carducci, richtig. Da ist das Rolltor der winzigen Garage, in der sein Fiat gerade noch Platz fand. Direkt daneben die schmale Eingangstür aus dunklem Holz, aus der ich den hageren, hochgewachsenen Mann an so manchem Morgen habe treten sehen, die halblangen braunen Haare sorgfältig nach hinten gekämmt, ein Jackett übergeworfen, eine etwas zerschlissene Aktentasche unter dem Arm.

Zwei Häuser weiter biege ich rechts in eine Seitengasse ein, erreiche über einige Stufen eine winzige *piazzetta,* die auf Höhe des zweiten Stockwerks der sie umgebenden Häuser von einer Wäscheleine überspannt wird. Eine bunte Reihe von sonnengebleichten Hosen, T-Shirts und Blusen baumelt daran. Ich halte mich links, und nach ein paar Metern bin ich da. Die gelb gestrichene und kreuz und quer von nachträglich an der Außenseite verlegten Strom- und Gasleitungen durchzogene Fassade erkenne ich sofort wieder. Aber welche der beiden Türen war meine? Vermutlich die linke. Ich trete einen Schritt zurück, lege den Kopf in den Nacken. Ja, da oben, die schmale Luke, das muss das Fenster des Badezimmers sein. Es war das einzige in meinem *appartamento.*

Ich habe mich hier sehr wohlgefühlt, obwohl die Wohnung dunkel, kaum größer als eine Schuhschachtel und nur mit dem Allernötigsten ausgestattet war. Mit meinen vier ehemaligen Mitbewohnerinnen habe ich so gut wie jeden Tag etwas unternommen. Abends hinter diese dicken Mauern zurückzukehren, den Lärm der Stadt zu vergessen und ein paar Quadratmeter nur für mich zu haben, das war mir wichtiger als jeder Komfort. Sicher, das Appartement war kühl und die Heizung funktionierte nicht. Ich kaufte mir eine Wolldecke, eine Wärmflasche und ein paar Pullover und war glücklich.

Während ich sinnierend vor dem Haus stehe,

in dem ich vor fünfzehn Jahren einen Monat lang gewohnt habe, fällt mir plötzlich siedend heiß ein, dass ich gerade dabei bin, meine Verabredung zu versäumen. In zehn Minuten muss ich am Dom sein.

Die Piazza IV Novembre, flankiert vom Dom San Lorenzo und dem Palazzo dei Priori, ist das Herz Perugias, in dem man die architektonisch und historisch bedeutsamsten Bauwerke der Stadt findet. Die Treppe vor dem Dom ist einer der wichtigsten Treffpunkte für die Studenten der Università per Stranieri. Das war vor fünfzehn Jahren so, und wenn ich mich hier jetzt umsehe, hat sich daran nichts geändert. Die vielen jungen Leute aus allen Teilen der Welt verleihen nicht nur diesem Platz, sondern der ganzen Stadt ein kosmopolitisches Flair.

Als der Anwalt Astorre Lupattelli die Ausländeruniversität 1927 ins Leben rief, hatte er diese Folgen noch nicht im Sinn. Ihm ging es vielmehr darum, mit seinen Kursen zur Geschichte, Sprache, Architektur und Kunst Italiens die vermeintliche Überlegenheit der eigenen Kultur zu demonstrieren. Damit lag er voll auf der Linie des nationalistischen Zeitgeists zu Beginn des Mussolini-Regimes. Astorre blieb bis 1944 Direktor der Universität. Nach dem Krieg änderte sich die Zielsetzung, von nun an standen das Vermitteln der italienischen Sprache, der gegenseitige Austausch und damit vor allem der Aspekt der Völkerverständigung im Fokus. Ein Ansatz, der sich über Jahrzehnte zu einem Erfolgsmodell entwickelte und dem Image der Stadt und ganz Italiens diente. Die Ausländeruniversität erklärte sich folglich zur *Ambasciatrice dell'Italia nel mondo* – zur Botschafterin Italiens in der Welt. Eine Botschafterin, die junge Menschen von allen Kontinenten zu sich einlädt – und die begegnen sich nicht nur in den Hörsälen, sondern auch auf der Domtreppe.

Es dauert nicht lange, bis ich in der Menge Astrids blonde Locken wiedererkenne. Sie steht am Fuß der Treppe und sieht sich ebenfalls suchend um. Unsere Blicke treffen sich, wir laufen lachend aufeinander zu und umarmen uns. Astrid spricht fließend Deutsch, also unterhalten wir uns in meiner Muttersprache, so, wie wir es damals auch gemacht haben, wenn niemand anders dabei war.

»Was jetzt?«, frage ich sie, nachdem wir uns gegenseitig versichert haben, wie gut wir aussähen und dass wir uns kaum verändert hätten.

»Ich weiß nicht«, antwortet Astrid. »Wir haben ja noch Zeit bis zum Vortrag. Was hältst du von einem Eis?«

»Super Idee, bei der Hitze ist das genau das Richtige.«

Die Wohngemeinschaft, die ich nach nur einer Nacht verlassen habe, bestand aus den englischen Zwillingen Mona und Clara, einer quirligen Österreicherin namens Katharina und der manchmal etwas chaotischen, aber stets äußerst liebenswerten Dänin Astrid, mit der ich in den folgenden Jahren lose per E-Mail in Kontakt blieb und die ich nun zum ersten Mal seit unserer Zeit an der Ausländeruniversität wieder leibhaftig vor mir sehe.

Wir spazieren zur Piazza Matteotti, holen uns

dort in einer *gelateria* zwei Becher, schlendern dann kreuz und quer durch die Altstadt, während wir einander über unsere Leben ausfragen. Nach einer Weile landen wir in einer Passage, die mir noch immer sehr vertraut ist. Eine Schar Touristen kommt uns entgegen. Die haben wahrscheinlich gerade den Pozzo Etrusco besichtigt. Wir haben uns damals weniger für den uralten Brunnenschacht aus dem 3. Jahrhundert vor Christus interessiert als für das Irish Pub in dessen direkter Nachbarschaft.

»Es ist noch da!«, frohlockt Astrid, als sie das Schild über dem Eingang erspäht. »Ich glaube, ich war seit damals nicht mehr hier.«

Wir treten ein und sehen uns um. Hier hat sich nicht viel getan, die rustikalen Tische und Stühle sind dieselben, auch an die lange Theke, die Barhocker und die Zapfhähne für Guinness, Lager und Stout erinnere ich mich. Wie viele beschwingte Abende haben wir hier verbracht? So wie die Hügel Umbriens manchmal einer irischen Postkartenlandschaft zum Verwechseln ähnlich sehen können, konnte man auch unter dem niedrigen Deckengewölbe des Irish Pub nach ein paar Stunden beinahe vergessen, dass man sich nicht auf der Grünen Insel im Nordatlantik, sondern mitten im ebenso grünen Herzen Italiens befand. Heute Nachmittag sind kaum Gäste anwesend, doch das wundert uns nicht. Auch zu unserer Zeit herrschte hier erst zu späterer Stunde reger Betrieb.

»Im Grunde war das hier die Fortsetzung von dem, was den ganzen Tag über auf der Treppe vor dem Dom stattfand«, sage ich. »Hier konnte man nach Sonnenuntergang immer hingehen und sicher sein, ein paar Kommilitonen zu treffen.«

»Ja«, Astrid schmunzelt. »Oder einen Dozenten.«

»Habt ihr euch etwa auch hier …?«

»Natürlich. Unter anderem.«

Wir verlassen das Pub wieder – für ein Bier ist es eindeutig zu früh, außerdem sollen wir nachher noch einem einstündigen Vortrag über italienische Literaturgeschichte folgen. Ich kann mich nicht erinnern, Massimo einmal im Irish Pub gesehen zu haben. Aber ich war ja auch nicht jeden Abend dabei. Und bei all dem hemmungslosen Geflirte ringsumher konnte man schon mal den Überblick verlieren.

Ich glaube, Astrid war damals nicht die Einzige, die ein Auge auf den ziemlich lässigen Dozenten für italienische Literatur geworfen hatte. Er war kaum älter als wir, seine dunklen Augen und die nur ansatzweise gebändigten schwarzen Locken gaben ihm etwas Rebellisches. Dass er bald auf Astrid aufmerksam wurde, hatte vielleicht auch damit zu tun, dass sie regelmäßig zu spät zu seiner Vorlesung über den mittelalterlichen Poeten Jacopone da Todi kam. Wenn sich fünf Minuten nach Beginn der Veranstaltung die quietschende Tür öffnete und Astrid zu ihrem Platz in der zweiten Reihe schlich, warf er ihr einen Blick zu, der mit jeder Woche an Strenge verlor.

»Und du leitest jetzt also einen *agriturismo?*«, frage ich.

»Ja«, lacht sie. »Ich kann es manchmal selbst nicht glauben.«

Der Aufenthalt in der Università per Stranieri di Perugia ist für die meisten Studenten eine prägende Erfahrung und wird für manche sogar zu einem unerwarteten Wendepunkt in ihrem Leben. Für Astrid gilt das zweifellos. Als sie hierherkam, hatte sie gerade ihr Architekturstudium beendet und bereits einen festen Plan, wie es weitergehen würde. Perugia sollte eine Auszeit sein, bevor sie sich in Kopenhagen mit aller Kraft ins Arbeitsleben stürzen wollte. Sie mochte Italien, und sie liebte die italienische Sprache. Aber niemals hätte sie vor ihrem dreimonatigen Aufenthalt in Perugia geglaubt, dass sie irgendwann einen Italiener heiraten und in diesem Land leben würde.

Wir kommen wieder zur Piazza IV Novembre, spazieren am Collegio del Cambio vorbei und dann den Corso Vannucci entlang, eine breite Straße, die schnurgerade zwischen riesigen *palazzi* mit Boutiquen, Bars und Restaurants im Erdgeschoss verläuft. »Hier waren wir im Kino!« Astrid deutet auf die Inschrift, die sich rechts von uns über drei Rundbogentüren erstreckt: Teatro del Pavone. »Da warst du doch dabei, oder?«

»Ja, ich erinnere mich.«

Auf der großen Leinwand auf der Theaterbühne lief »Die Chroniken von Narnia«, natürlich italienisch synchronisiert. Die holzverkleideten Ränge gaben dem Raum etwas ungewohnt Festliches. Wir saßen auf gepolsterten Klappstühlen im Parkett, Andreas aus Schweden zwischen Astrid und mir, außerdem die Schottin Lucy, die vom Film nicht viel mitbekommen haben dürfte, weil sie ständig mit dem Zyprioten Tassos zu ihrer Rechten flüsterte, der zu ihrer Freude spontan mitgekommen war.

Wir gehen weiter bis zur rechteckigen Piazza Italia, hier lugt die Reiterstatue von König Vittorio Emanuele II. zwischen hohen Nadelbäumen hervor, dahinter taucht die Fassade des riesigen Gebäudes auf, in dem die Präfektur und die Provinzialregierung Perugias zu Hause sind. Doch die meisten der vielen Fußgänger in dieser Gegend haben ein anderes Ziel. Unter den umlaufenden Arkaden befindet sich ein Zugang zu den unterirdischen Passagen und Rolltreppen, die die tiefer liegenden Stadtteile, Bushaltestellen und Parkplätze mit dem historischen Zentrum oben verbinden.

»Sollen wir uns hier ein bisschen hinsetzen?«

Astrid wartet nicht auf meine Antwort, sondern lässt sich sofort auf eine Bank fallen. Wir haben die Präfektur umrundet und sind in den Giardini Carducci angelangt, einem kleinen Park, der jede Menge Sitzgelegenheiten im Schatten ausladender Kastanien bietet. Doch das Beste ist der Blick. Von der begrenzenden Balustrade, unter der sich die Viale Indipendenza den steilen Abhang hinaufschlängelt, reicht die Sicht weit in die Valle Umbra. Links von uns befindet sich eine kleine Aussichtsplattform mit einem Münzfernrohr, mit dem die Touristen das nur fünfundzwanzig Kilometer westlich gelegene Assisi und den dahinter ansteigenden Monte Subasio betrachten können.

»Da drüben«, sagt Astrid und deutet auf einen Hügel, der sich im Dunst dieses Nachmittags nur undeutlich am Horizont abzeichnet, »steht unser Haus. Ist gar nicht so weit, nur eine Viertelstunde mit dem Auto. Trotzdem komme ich nicht mehr oft nach Perugia, seit die Kinder da sind.«

Filippo ist zehn Jahre alt, Elisabetta sieben. Auf den Fotos, die mir Astrid gemailt hat, ähnelt der Junge ihr mehr als das Mädchen, allein schon wegen seiner blonden Haare.

»Das stimmt«, bestätigt mir Astrid. »Aber er hat den Charakter seines Vaters. Jedenfalls wickelt er mich genauso leicht um den Finger wie Massimo.«

Eine japanische Reisegruppe versammelt sich an der Balustrade, Fotoapparate werden gezückt und auf die nahen und fernen Hügel gerichtet. Über dem Monte Subasio türmen sich ein paar Wolken auf, und gelegentlich weht aus seiner Richtung ein erfrischender Windstoß zu uns herüber.

Astrid spricht von ihrem Familienleben und erzählt, wie das Landhaus, das Massimo von seinen Eltern geerbt hat, unter ihrer professionellen Regie nach und nach mit Ferienwohnungen ausgestattet und zu einem kleinen *agriturismo* umgebaut wurde.

»Bis die Kinder kamen, war das mein Fulltime-Job. Es hat mir einerseits viel Spaß gemacht, andererseits war es unglaublich anstrengend. Nicht nur wegen der Sprache, die ich ja anfangs noch nicht so gut konnte, sondern auch weil hier in Italien vieles anders läuft, als ich es von zu Hause gewohnt war. Und Massimo hatte kaum Zeit, mir zu helfen, weil er ständig an der Uni war.«

Der junge Dozent, in den sich Astrid verliebt hatte, musste sich um seine Karriere kümmern.

Und das in einer Zeit, in der die Ausländeruniversität nach Jahrzehnten des Wachstums zunehmend in Turbulenzen geriet. Rückblickend sieht es so aus, als hätte alles mit dem Justizkrimi um den Mord an der einundzwanzigjährigen Studentin Meredith Kercher begonnen.

Die Berichte über die Inhaftierung der Amerikanerin Amanda Knox und ihres italienischen Freundes Raffaele Sollecito und über den bis zum endgültigen Freispruch im Jahr 2015 mehrfach neu aufgerollten Prozess gegen die beiden gingen um die Welt. Zwar steigerte das den Bekanntheitsgrad Perugias und der Università per Stranieri erheblich – doch die genüsslich bis ins letzte Detail ausgebreiteten Spekulationen über ein Studentenleben voller Sex, Drogen und Gewalt haben das Image der Stadt und der Universität zweifellos verdüstert.

Das mag einer der Gründe sein, weshalb die Zahl der ausländischen Studenten in Perugia zuletzt kontinuierlich geringer wurde. Doch es ist längst nicht der einzige. Ein riesiger Schuldenberg, Klagen über Missmanagement auf allen Ebenen und Korruptionsvorwürfe gegen die Institutsleitung sind die medialen Dauerbrenner in der jüngeren Geschichte der Universität. Währenddessen hat die Konkurrenz nicht geschlafen: Die einzige weitere Ausländeruniversität in Italien, im toskanischen Siena, wirbt erfolgreich vor allem um englischsprachige und asiatische Studenten und hat Perugia bezüglich der jährlichen Einschreibungen inzwischen überholt. Dazu kommen renommierte Sprachschulen in Städten wie Venedig, Florenz oder Rom, die ihre Marktanteile stetig ausbauen.

»Ein Glück, dass Massimo nicht mehr von der Ausländeruniversität abhängig ist«, seufzt Astrid. Die Zeiten, in denen ihr Mann von Jahresvertrag zu Jahresvertrag zittern musste, sind vorbei. Inzwischen ist er fest angestellter Assistenzprofessor an der Università degli Studi, Perugias großer staatlicher Uni. Im Palazzo Gallenga ist er nur noch selten zu hören, etwa bei Gastvorlesungen, die sich an interessierte Laien richten. So wie heute.

»Wir sollten langsam aufbrechen. Sonst kommen wir zu spät.« Ein Grinsen huscht über Astrids Gesicht, als sie hinzufügt: »Und das mag er immer noch nicht.«

Eine Dreiviertelstunde später sitzen wir wieder nebeneinander, diesmal in der vorletzten Reihe eines bis auf den letzten Platz gefüllten Vorlesungssaals. Es handelt sich um einen der repräsentativsten Unterrichtsräume im Palazzo Gallenga. Durch die riesigen Fenster in der Wand rechts von uns fällt Licht auf die Landschaftsgemälde an der gegenüberliegenden Seite. Die Wände ringsum sind mit purpurner Seidentapete verkleidet, die geschnitzten Holztüren dreifarbig lackiert, verspielte Fresken zieren die gewölbte Decke, von der in der Mitte ein beinahe obszön ausladender, verschnörkelter Kronleuchter hängt.

Vor ein paar Stunden hatte ich noch befürchtet, dass es das Perugia, an das ich mich immer mit so viel Begeisterung erinnert habe, nicht mehr geben könnte. Und tatsächlich wurde das eine oder andere Gebäude renoviert, manche Geschäfte sind verschwunden, eine futuristische Minimetro verbindet jetzt die Außenbezirke mit der Altstadt und die Università per Stranieri steckt in einer tiefen Krise. Aber die wichtigsten Dinge haben sich nicht verändert: die stolze Gelassenheit einer Stadt, die sich ihrer Einzigartigkeit bewusst ist, und die von Neugierde getriebene Aufbruchsstimmung, die italienische wie ausländische Studenten mitbringen.

Der *professore* spricht über den jungen Gabriele D'Annunzio, und die Zuhörer – einige junge Leute, ansonsten in erster Linie Männer und Frauen im Seniorenalter – sind so gebannt, dass man in seinen Sprechpausen eine Stecknadel fallen hören könnte. Ob ich Massimo wiedererkannt hätte? Seine Haare sind jetzt kürzer und von einigen grauen Strähnen durchzogen. Er wirkt etwas fülliger als früher, außerdem trägt er einen kurzen Vollbart, der ihm gut zu Gesicht steht. Ich werfe einen verstohlenen Blick zu Astrid, doch sie bemerkt mich nicht, sondern hängt wie hypnotisiert an seinen Lippen.

Perugia ist geblieben, wie es war. Wenn sich hier jemand verändert hat, dann wir selbst. Aber solange das bestehen bleibt, was uns verbindet, macht das nichts. Ich freue mich schon darauf, später mit Astrid und Massimo zu ihrem Landhaus zu fahren, ihre Kinder kennenzulernen und mir den *agriturismo* zeigen zu lassen, gemeinsam zu kochen und zu Abend zu essen und danach noch lange zusammenzusitzen, in der Vergangenheit zu schwelgen und einander von unserer Gegenwart zu erzählen. Plötzlich fühle ich mich beinahe wieder so geborgen und gleichzeitig voller Energie wie vor fünfzehn Jahren. Es ist schön, zurückzukehren. Ich werde es wieder tun. Und bis es so weit ist, werden hoffentlich keine fünfzehn Jahre vergehen.

Die Verrückten von Gubbio

Ein halsbrecherisches Rennen und der größte Weihnachtsbaum der Welt

> *Chi nel corso della vita non ha mai commesso pazzie è un pazzo.*
>
> *Wer im Laufe seines Lebens nie Verrücktheiten begangen hat, muss verrückt sein.*
>
> ALESSANDRO MORANDOTTI

»Gubbio ist ein anderes Umbrien, und unter allen umbrischen Städten ist diese sicher die außergewöhnlichste.« Das behauptete nicht irgendwer. Der 1907 in Vicenza geborene Guido Piovene gilt als einer der bedeutendsten Reisejournalisten Italiens. Mitte der fünfziger Jahre stellte er in der später auch in Buchform festgehaltenen Radiosendung »Viaggio in Italia« in mehr als achtzig Episoden einzelne Städte und Regionen des *Bel paese* vor. Er berichtete darin über Kunst, Natur, Kultur und kulinarische Besonderheiten, aber auch über die gesellschaftlichen Veränderungen, die er bei seinen Touren durch das boomende Nachkriegsitalien beobachtete. Piovenes wortgewandte Beschreibungen und scharfsinnige Beobachtungen haben sich als zeitlos erwiesen, weshalb er bis heute regelmäßig in der italienischen Reiseliteratur zitiert wird. Das Wort dieses Mannes hat demnach zweifellos Gewicht.

Was ist also so »anders« und »außergewöhnlich« an der Zweiunddreißigtausend-Einwohner-Stadt Gubbio, deren uraltes *centro storico* sich an den neunhundertvier Meter hohen Monte Ingino schmiegt? Das intakte mittelalterliche Stadtbild gilt hier zwar als besonders schön, andererseits gibt es so etwas auch in vielen anderen Ortschaften Mittelitaliens. Und Kulturschätze wie die als einzigartiges Zeugnis der umbrischen Sprache im Palazzo dei Consoli ausgestellten zweitausenddreihundert Jahre alten Eugubinischen Tafeln dürften doch eher ein Beweis dafür sein, wie eng Gubbio seit jeher mit Umbrien verknüpft ist. Und das, obwohl die Stadt früher zu den Marken gehörte und der Region erst 1860 einverleibt wurde.

Bei genauerer Betrachtung zeigt sich, dass es vor allem die *eugubini* – also die Einwohner Gubbios – sind, die der Stadt ihren Ruf verleihen. Es heißt, sie seien Sonderlinge. Ja, man spricht in Umbrien landläufig sogar von den *matti di Gubbio,* also den »Verrückten von Gubbio«. Und die reagieren darauf nicht etwa mit Empörung. Sie fassen diese Beurteilung mit der ihnen eigenen entwaffnenden Ironie als Kompliment auf und tragen sie mit Stolz wie eine Auszeichnung. Diese kann man im Übrigen auch als Fremder erwerben: Wer die Stadt besucht und dabei die Fontana del Bargello – einen hübschen Brunnen in der Via dei Consoli – dreimal umrundet, hat die Berechtigung erlangt, sich *matto d'onore,* »Verrückter ehrenhalber«, zu nennen. Die entsprechende Urkunde kann man sich in den umliegenden Geschäften ausstellen lassen – natürlich gegen eine Gebühr. Man mag ja verrückt sein in Gubbio, aber dumm ist man deswegen noch lange nicht.

Im Laufe eines Jahres gibt es verschiedene Gelegenheiten, sich ein eigenes Bild von den *eugubini* zu machen. Eine der eindrucksvollsten ist sicherlich die Corsa dei ceri, der »Kerzenlauf«, am 15. Mai. Dabei werden drei jeweils etwa fünf Meter hohe und um die zweihundertsiebzig Kilogramm schwere, längliche Holzkonstruktionen in einem knallharten Wettlauf den Monte Ingino hinaufgetragen. Auf jeder dieser sogenannten »Kerzen« thront ein Heiliger: Sant'Antonio, San Giorgio und Sant'Ubaldo.

Regeln und Ablauf der Corsa dei ceri gelten vielen als untrügliche Hinweise auf den zweifelhaften Geisteszustand der Bewohner Gubbios. Unterwegs wird alles dem Ziel untergeordnet, so schnell wie nur irgendwie möglich bei der Basilica di Sant'Ubaldo anzukommen. Damit der Ernst der Lage niemandem verborgen bleibt, spendet der Bischof den versammelten Mannschaften vorab den Segen »in articulo mortis«, also »im Angesicht des Todes«, wie bei der letzten Ölung. Tatsächlich setzen die Teilnehmer ihre Gesundheit aufs Spiel, vor allem während des ersten und des letzten der vier Abschnitte, in die die insgesamt mehr als vier Kilometer lange Strecke unterteilt ist.

Gleich zu Beginn geht es bergab durch die Straßen und Gassen der Altstadt, die Mannschaften versuchen, ihre »Kerze« im Vollsprint in der Senkrechten zu halten, es herrscht enorme Sturzgefahr.

Der abschließende und längste Teil des Rennens führt dann über steile Serpentinen zweihundertneunundzwanzig Höhenmeter bis zum Ziel. Unter dem Gewicht der Holzkonstruktionen lassen die Kräfte der Teilnehmer enorm schnell nach, die Anfeuerungen durch die an den Straßenrand gedrängte Menge hilft, die letzten Reserven zu mobilisieren.

All das mag Auswärtigen bereits seltsam erscheinen. Doch das eigentlich Verrückte ist, dass bei diesem knallharten Rennen die Reihenfolge der teilnehmenden Mannschaften von Beginn an feststeht und unterwegs sogar ein strenges Überholverbot herrscht. Der heilige Ubaldo gewinnt immer. Schließlich ist er der Stadtpatron, und als solcher wird er aus zwei Gründen besonders verehrt: Zum einen hat er die ihm zunächst vom Papst angetragene Bischofswürde von Perugia abgelehnt, um dann die seiner Heimatstadt Gubbio anzunehmen. Später hat er Gubbio durch sein diplomatisches Geschick auf wundersame Weise vor der Zerstörung durch eine zehn umbrische Städte umfassende feindliche Koalition bewahrt. Das angespannte Verhältnis zu den Nachbarn scheint bei den *eugubini* auf eine lange Tradition zurückzublicken.

Bei der *corsa* geht es also nicht darum, welche Mannschaft zuerst ins Ziel kommt. Trotzdem gilt es, alles zu geben, ein gutes Rennen abzuliefern, nicht zu stürzen und die Abstände zwischen den drei *ceri* nicht zu groß werden zu lassen.

Auf die Frage »Und wer hat dann eigentlich gewonnen?« lautet die Standardantwort: »Gubbio.« Wer nach einer tiefergehenden Erklärung verlangt, macht sich unter den *eugubini* keine Freunde. Der heilige Ernst, mit dem sie dieses Spektakel alljährlich zelebrieren, wird für Außenstehende wohl nie so richtig nachvollziehbar sein. So geht man eben davon aus, dass die Leute hier einfach nicht ganz dicht sind. *I matti di Gubbio.*

Die *corsa* ist übrigens nicht das einzige Spektakel, bei dem die Einwohner Gubbios ihren Wahnsinn beweisen. Jedes Jahr im Advent kann man sich ebenfalls davon überzeugen. In den Wochen zuvor sind etwa fünfzig freiwillige Helfer aus mehreren Generationen mit der Vorbereitung beschäftigt. Mit Lieferwagen fahren sie das Material die steile, gewundene Straße hinauf, die den schweißtreibenden letzten Abschnitt der Corsa dei ceri bildet. In tausenddreihundert Arbeitsstunden werden insgesamt siebeneinhalb Kilometer Kabel verlegt und etwa neunhundert Lampen installiert, allein zweihundertfünfzig davon an einem schwindelerregenden Gerüst ein Stück oberhalb der Kirche von Sant'Ubaldo.

Angefangen hat alles mit dem Bildhauer Enzo Grilli, einem Sonderling unter den Sonderlingen von Gubbio. Der hängte am 24. Dezember 1980 eine Skulptur, bestehend aus einem selbst zusammengeschweißten Metallrad mit etwa drei Metern Durchmesser und einigen alten Autoscheinwerfern, an die Fassade der hoch über den Dächern Gubbios thronenden Kirche des Stadtpatrons. Bei Einbruch der Dämmerung überraschten die nun eingeschalteten Lampen die *eugubini.* Was in Enzo Grillis Vorstellung einen Weihnachtsstern darstellen sollte, tauften sie kurzerhand »Ufo«. Dennoch zeigten sie sich von der Lichtinstallation begeistert, und schon für die folgende Adventszeit fand sich eine größere Truppe zusammen, um eine neue Tradition zu begründen, die den Verrückten von Gubbio zehn Jahre später einen Platz im Guinnessbuch der Rekorde sicherte und inzwischen das vierzigste Jubiläum feiern konnte.

Am 7. Dezember ist es so weit. Immer am Vorabend von Mariä Empfängnis – dem Tag, an dem in ganz Italien traditionell die Weihnachtsbäume aufgestellt werden – findet in Gubbio eine festliche Zeremonie statt. 2011 wurde Papst Benedikt XVI. per Internet zugeschaltet und gab aus der Ferne durch einen Tastendruck das entscheidende Signal. 2014 übernahm sein Nachfolger Franziskus die gleiche Aufgabe, dazwischen kam der damalige italienische Staatspräsident Napolitano zum Zug.

Wer auch immer im entsprechenden Jahr den Auslöser betätigt: Um Punkt achtzehn Uhr zündet über den Dächern der Stadt auf dem Gipfel des Monte Ingino ein Feuerwerk, während am bewaldeten Abhang darunter die in den Bäumen befestigten Lampen zu leuchten beginnen. Nun zeigt sich, woran in den vergangenen Monaten gearbeitet wurde: Die hellgrünen Umrisse eines riesigen Weihnachtsbaums zeichnen sich ab und füllen sich nach und nach mit bunten Lichtern. Die Installation nimmt mit hundertdreißigtausend Quadratmetern die Fläche von dreißig Fußballfeldern ein und ist an der Basis vierhundertfünfzig Meter breit. Zweihundert Meter höher strahlt an der Spitze der am Gerüst montierte tausend Quadratmeter große Weihnachtsstern abwechselnd in Blau und Weiß.

Über einen Monat lang wird der »Größte Weihnachtsbaum der Welt« nun die Nacht über Gubbio erhellen und im ganzen Tal zu Füßen des Monte Ingino eine besonders festliche Atmosphäre verbreiten. Die Idee des Bildhauers Enzo Grilli ist zu einem Event herangewachsen, das längst fester Bestandteil der umbrischen Adventszeit ist und inzwischen weltweit Beachtung findet.

Dafür, dass die *eugubini* verrückt sind, scheint es also genügend Beweise zu geben. *Warum* sie es sind, daran scheiden sich bis heute die Geister. Verfügen sie einfach nur über ein spezielles Temperament, einen etwas eigenartigen Humor oder ein besonders ausgeprägtes Selbstbewusstsein? Oder gibt es einen anderen, handfesten Grund für ihren Ruf?

Seit man herausgefunden hat, dass an manchen Orten in der Umgebung von Gubbio eine außergewöhnlich hohe Konzentration des chemischen Elements Iridium zu finden ist, wird immer wieder versucht, die Verrücktheit der *eugubini* auf eine schleichende Vergiftung mit diesem Stoff zurückzuführen. Waghalsigere Theorien ziehen in Betracht, dass natürliche Iridiumvorkommen auf der Erde sehr selten, in Gestein aus dem Weltraum dafür umso häufiger auftauchen. Sind die *matti* also das Ergebnis einer außerirdischen Intervention?

Doch so exzentrisch seine Einwohner auch sein mögen – Gubbio gehört heute untrennbar zu Umbrien. Spätestens seit 1970 ist das offiziell. Damals wurde über das künftige Wappen der Region abgestimmt und man entschied sich dabei für ein ur-eugubinisches Symbol: die drei *ceri,* die bei der *corsa* im Laufschritt durch die Stadt und auf den Monte Ingino geschleppt werden. So stehen sie heute nicht mehr nur für das eigenartige und undurchschaubare Gubbio, sondern gleichzeitig für eine Region, die offenbar einen Sinn und ein Herz für ihre Sonderlinge hat und manchmal sogar ziemlich stolz auf sie ist.

Warum auch nicht? Gerade das Unergründliche und Unbequeme kann einen ganz besonderen Reiz haben. Oder um es mit einem weiteren Zitat von Guido Piovene über die Stadt am Monte Ingino auszudrücken: »Sie ist nicht süß und auch nicht angenehm. Aber keine andere ist von solcher Schönheit.«

Il Teatro della Concordia

Die Wiedergeburt des kleinsten Theaters der Welt

Il teatro non è altro che il disperato sforzo dell'uomo di dare un senso alla vita.

Das Theater ist nichts anderes als der verzweifelte Versuch des Menschen, dem Leben einen Sinn zu verleihen.

Eduardo De Filippo

Nachdem sie die rechteckige Sitzfläche des Hockers auf die richtige Höhe eingestellt und Platz genommen hat, bändigt Laura mithilfe eines Haargummis und ein paar routinierter Bewegungen ihre dunkelblonden Locken, damit ihr beim Spielen keine Strähnen ins Gesicht fallen. Erst danach greift sie nach der Harfe, kippt das Instrument leicht nach hinten und zieht es zu sich, hält es mit Bein und Schulter in der richtigen Position, stellt ihre Füße auf die Pedale, legt ihre Hände auf die Saiten. Es kann losgehen.

Die ersten Töne scheinen sich noch vorsichtig, zaghaft und ohne Zusammenhang aus dem Resonanzkörper hervorzutasten. Doch schon nach wenigen Sekunden bilden sie eine einfache, beschwingte Melodie, die sich von der Bühne aus über den mit rotem Samt bezogenen Sitzen im Parkett ausbreitet und an den verwaisten Logen vorbei bis unter die verspielten Fresken an der Decke des Zuschauersaals aufsteigt.

In diesem Theater ist alles kleiner und enger als anderswo. Nur wenige Meter trennen die einander an den Seitenwänden gegenüberliegenden Logen, die fünfte und damit letzte Sitzreihe im Parkett liegt so dicht an der Bühne wie andernorts die erste. Doch die Musik verleiht diesem Raum im Zusammenspiel mit dem Licht, den hellen Farben an den Wänden und Holzkonstruktionen und den unzähligen filigranen Verzierungen eine Aura der Leichtigkeit, die alles Bedrückende weit in den Hintergrund treten lässt. Auch wenn die Welt draußen längst eine andere sein mag als damals: Die Idee, die dieses Theater verkörpert, hat in zwei Jahrhunderten nichts von ihrer Faszination verloren.

Sie wurde geboren aus den Idealen der Französischen Revolution, die im Gefolge der Truppen Napoleons in den Kirchenstaat vorgedrungen waren. Der Geist des Aufbruchs fegte wie ein frischer Wind durch das Land, in dem unter der Regentschaft der Kirche sämtliche Türen und Fenster allzu lange fest verschlossen gewesen waren. Neue Gedanken von Freiheit, Gleichheit und Brüderlichkeit beseelten die gerade erst entstehende und schon nach Höherem strebende Klasse des Bürgertums. Für einen kurzen Augenblick schien der Weg frei für eine Begegnung aller Menschen auf Augenhöhe, für die Abkehr von Willkür, Dogmen und Engstirnigkeit, für die Hinwendung zu freier Wissenschaft und Kultur.

Auch das kleine, aus einer mittelalterlichen Burganlage erwachsene Städtchen Monte Castello, das auf einer Anhöhe nördlich von Todi über das

Tiberufer wachte, wurde von der allgemeinen Euphorie erfasst. Vertreter der neun wichtigsten Familien des Ortes taten sich zusammen. Von den historischen Umwälzungen ihrer Epoche angespornt, wollten sie sich in das Gemeinwesen einbringen und dabei ein Symbol für den Anbruch einer neuen Epoche schaffen. Ein derzeit nicht genutzter dreistöckiger *palazzo* stand ihnen dafür zur Verfügung. Ihre ursprüngliche Vision war ein Salon, der als Stätte des kultivierten Austausches und des gepflegten Amüsements, aber auch als angemessener Rahmen für anspruchsvolle künstlerische Darbietungen dienen sollte. Diese Idee entwickelte sich während der Planung weiter zu einem Theatersaal, der in seiner Ausstattung den bereits existierenden Pendants in den großen Städten nicht nachstehen, aber in seinen Ausmaßen dem kleinen, zwischen uralte Burgmauern gezwängten Städtchen entsprechen sollte. Sein Name würde das revolutionäre Ideal der Brüderlichkeit spiegeln: Teatro della Concordia.

In den vorangegangenen Jahrzehnten waren in den Kulturmetropolen auf der Apennin-Halbinsel Theater gebaut worden, die in ihrer Eleganz und ihrer Ausstattung neue Maßstäbe gesetzt hatten, allen voran das Teatro alla Scala in Mailand und das Teatro di San Carlo in Neapel. Nun verwandelte sich ein unscheinbarer *palazzo* in einer winzigen Ortschaft in der umbrischen Provinz innerhalb eines Jahres in eine Miniaturversion eines solch klassischen *teatro all'italiana*, mit einer tiefen Bühne vor einem Saal mit dem typischen glockenförmigen Grundriss, siebenunddreißig Plätzen im Parkett und darüber zwei Reihen von jeweils neun Logen – eine für jede Initiatorenfamilie –, die die Gesamtzahl der Zuschauerplätze auf neunundneunzig brachten. Der größte Teil der aufwendigen Innenausbauten wurde aus Eichenholz angefertigt. Trotz der ungewöhnlich kompakten Ausmaße verfügte das Theater bei seiner Eröffnung im Jahr 1809 über alles, was damals zu einem Schauspielhaus gehörte: eine Bühne, einen Zuschauerraum, ein Foyer, ein Café, Umkleideräume für die Künstler und sogar eine repräsentative Außentreppe.

So kurz die Herrschaft Napoleons und die revolutionäre Euphorie letztlich währten, hinterließen sie mit dem Teatro della Concordia in Monte Castello, in dem nun regelmäßig Konzerte, Komödien und Dramen auf die Bühne gebracht wurden, doch etwas Bleibendes. Das Schauspielhaus entwickelte sich bald zu einem Kulturzentrum für die gesamte Umgebung, dessen Existenz auch die Kreativität örtlicher Poeten beflügelt zu haben scheint. Jedenfalls bezeugen heute im Foyer ausgestellte Schriftstücke, dass ein Autor namens Cesari allein im Jahr 1823 drei Stücke speziell für die Aufführung in diesem Haus verfasst habe.

Der von Beginn an eindrucksvolle Innenraum wurde von dem Maler Cesare Agretti aus Perugia Mitte des 19. Jahrhunderts weiter verschönert. Sein endgültiges Antlitz erhielt das Theater jedoch erst im Jahr 1892 durch Cesare Agrettis damals gerade einmal vierzehnjährigen Sohn Luigi. Dieser vervollständigte die Verzierungen im Bühnenraum und im Foyer, doch sein beeindruckendster Beitrag war zweifellos das Deckenfresko im Zuschauersaal: die Illusion eines unter einem strahlend blauen Himmel aufgespannten Sonnensegels, dekoriert mit Figuren aus der antiken Mythologie und einem großen Zifferblatt an der Stirnseite direkt über der Bühne. Die Zeiger stehen auf zwanzig Uhr dreißig – der Zeitpunkt, zu dem die Aufführungen im Teatro della Concordia begannen.

Laura spielt auswendig, ohne die auf dem Ständer zu ihrer Linken abgelegten Notenblätter zu beachten. Auch der zarteste Ton, den sie der Harfe entlockt, dringt bis in den letzten Winkel des Zuschauersaals vor. Jede kleine Variation hat spürbare Folgen, nichts geht verloren. In der Zeit seines Bestehens hat dieses kleine Haus immer wieder große Orchester und Ensembles beherbergt. Dabei begünstigt seine konzentrierte Atmosphäre vor allem Aufführungen, die nicht auf Größe, Lautstärke und Knalleffekte setzen, sondern auf Zwischentöne und Nuancen. Dazu gehören Lesungen oder Marionettentheater, aber auch Soloinstrumente wie die klassische Gitarre oder die Konzertharfe.

Laura variiert die Eingangsmelodie mit jeder Wiederholung, versieht das einfache Grundthema mit immer anspruchsvolleren Verzierungen, gelangt über neue Wege in vertraute Gefilde, nur um sogleich ein weiteres Mal aufzubrechen und dabei das Tempo zu erhöhen. Ihre Hände fliegen nun von einer Lage in die andere, Lauras Finger scheinen nach eigenem Willen auf den Saiten zu tanzen, während sie ihren Kopf sanft im Rhythmus des Stückes wiegt. Den Heimathafen hat sie längst weit hinter sich gelassen, sie befindet sich nun auf hoher See, kein Land in Sicht, sondern nur die nächste Welle, der nächste Ton, der nächste Takt. Beinahe könnte man glauben, diese musikalische Reise nähme niemals ein Ende.

Das 20. Jahrhundert begann, die weltliche Macht des Vatikans war längst gebrochen und Umbrien Teil des vereinigten Italien geworden. Doch im Teatro della Concordia sollte es noch elf weitere Jahre dauern, bis eine wirklich neue Epoche anbrach und die moderne elektrische Beleuchtung die bis dahin verwendeten Kerzen und Petroleumlampen ersetzte. Anfang der zwanziger Jahre fand das Schauspielhaus im Ortspfarrer Don Oscar Marri einen unerwarteten Förderer. Der Geistliche war ein großer Musikfreund und verfügte selbst über eine beeindruckende Baritonstimme, die in den folgenden Jahren bei Operettenaufführungen im Duett mit dem glockenhellen Sopran seiner Cousine Dora zu hören war.

Eine alte Schwarz-Weiß-Fotografie aus jener Zeit zeigt den Zuschauerraum vor einer Vorstellung: Die Sitzreihen im Parkett sind voll belegt, an den Seiten und im Hintergrund stehen die Menschen dicht an dicht gedrängt, ebenso wie in den achtzehn Logen. Kinder blicken mit großen Augen in Richtung Bühne, aber auch die Erwachsenen in ihren Kleidern und Sonntagsanzügen scheinen gespannt auf das angekündigte *spettacolo* zu warten.

Schmale Krawatten und lässig schief auf dem Kopf sitzende Schiebermützen, Federboas und ondulierte Kurzhaarfrisuren bei den jüngeren Damen und Herren deuten darauf hin, dass die Trends aus New York, Paris und Berlin bereits bis ins ländliche Umbrien vorgedrungen waren.

Das Teatro della Concordia hielt seinen Betrieb auch während der dreißiger und vierziger Jahre aufrecht und sorgte dabei zumindest für einige vergnügliche Stunden in immer düsterer werdenden Zeiten. Gelegentlich betraten in Monte Castello di Vibio, wie der Ort seit der Einigung Italiens heißt, junge Talente die Bühne, die später noch von sich hören machen sollten. Die Sopranistin Antonietta Stella aus Perugia war bei ihrem Auftritt 1942 noch ein Teenager, nach dem Krieg gab sie Gastspiele in den bedeutendsten Opernhäusern auf der ganzen Welt. Gina Lollobrigida, eine der größten italienischen Filmschauspielerinnen der fünfziger und sechziger Jahre gab als Achtzehnjährige hier in der Komödie »Santarellina« ihr Bühnendebüt.

Ein bedeutender Teil des Programms blieben Eigenproduktionen unter Mitwirkung der Bewohner der kleinen Ortschaft wie das große Passionsspiel am 8. April 1951. Vierzig Laienschauspieler aus Monte Castello di Vibio standen auf der inzwischen ziemlich in die Jahre gekommenen Bühne, am Ende der Vorstellung wurden sie vom Publikum mit Beifallsstürmen gefeiert. Ein letzter Höhepunkt und ein dramatischer Schlussakkord. Der Vorhang fiel, und für mehr als vier Jahrzehnte sollte er sich nicht mehr heben.

Stille nimmt sich den Raum, der soeben noch bis in den letzten Winkel von Musik erfüllt war. In dem Augenblick, in dem Laura ihre Hände auf die Saiten legt und die Harfenklänge verstummen, scheint der Raum einen Teil seiner Seele zu verlieren. Die herrschaftlichen Logen sind nun nicht mehr als lackiertes Holz, die in luftigen Höhen fliegenden Engels- und Göttergestalten ein Gemisch aus Mörtel und Farbe, die Bühne verwandelt sich in einfache, parallel zueinander montierte Bretter, von denen eines leise knarzt, als Laura die Harfe behutsam nach vorne kippt und sie abstellt, um nach ihren Notenblättern zu greifen. Was nützt der schönste Rahmen ohne Inhalt? Ohne Zuschauer im Saal und ohne Vorstellung auf der Bühne mag ein Theater noch immer schön anzusehen sein. Doch hält dieser Zustand zu lange an, bleibt nichts als ein lebloses Relikt, das bald vergessen und schließlich dem Verfall preisgegeben ist.

Kurz nach dem Passionsspiel von 1951 musste das Teatro della Concordia wegen Renovierungsbedarfs geschlossen werden. Die folgenden zweieinhalb Jahrzehnte verbrachte das Schauspielhaus in einem tiefen Dornröschenschlaf – aus dem es erst 1976 durch den Einsturz eines Teils der Decke unsanft geweckt wurde. Bei einer Ortsbegehung stellte der Bürgermeister den katastrophalen Zustand des Theaters fest: Nicht nur, dass Löcher in der Deckenkonstruktion klafften, es gab auch Wasserschäden an den Fresken und gravierende Probleme mit der gesamten Holzkonstruktion des Innenraums.

Es war klar: Um das historische Kleinod noch zu retten, müsste unverzüglich gehandelt werden.

Bürger der Gemeinde und ortsansässige Unternehmer ermöglichten durch Spenden die Reparatur des Daches und damit zumindest die Verhinderung weiterer Schäden. Erst 1987 begannen mit Unterstützung der Europäischen Gemeinschaft die eigentlichen Restaurierungsarbeiten. Ziel war es, möglichst viel originale Bausubstanz, die Akustik, den Stil und die Optik des ursprünglichen Saales zu erhalten – und dabei trotzdem alle modernen Sicherheitsanforderungen zu erfüllen. Nach sieben Jahren Arbeit feierte das Teatro della Concordia am 21. September 1993 mit dem Gastspiel des Symphonieorchesters aus dem albanischen Tirana seine Wiederauferstehung.

Damit war der erste Teil der Rettung erfolgreich abgeschlossen, doch nun galt es, das Bestehen des Theaters auch dauerhaft zu sichern. Neue Ideen wurden gesucht – und gefunden. Inzwischen ist es möglich, im edlen Ambiente des Theatersaals zu heiraten, ihn für private Events zu mieten oder dort Firmenkongresse abzuhalten, außerdem wird Besuchern im Rahmen von Führungen durch die Räumlichkeiten die Geschichte des Hauses unterhaltsam erläutert.

Weil Superlative die Menschen seit jeher neugierig machen, setzt man als Alleinstellungsmerkmal auf das Label »Kleinstes Theater der Welt«. Seit 1997 besteht eine Partnerschaft mit dem Teatro Farnese di Parma, das mit viertausend Plätzen den Anspruch erhebt, das größte Theater auf dem Globus zu sein. Gemeinsam, so die Idee, habe man bessere Chancen in dem alltäglichen harten Kampf um Aufmerksamkeit, dem sich Kulturbetriebe nicht nur in Italien ausgesetzt sehen. Und die Mühe zahlt sich aus: Radio- und Fernsehsender berichteten in den vergangenen Jahren regelmäßig über das Kleinod von Monte Castello di Vibio, und sein prachtvoller Zuschauersaal zierte bereits 2002 eine Sonderbriefmarke der italienischen Post, die das kleine Schauspielhaus damit zum »historischen Kunst- und Kulturgut Italiens« erhob.

Laura beginnt erneut zu spielen, und diesmal sucht ihr Blick immer wieder die Zeilen auf dem jetzt im Ständer obenauf liegenden Notenblatt. Das Stück unterscheidet sich erheblich von der vorherigen beschwingten Melodie. Eine andere Tonart, ernst und getragen. Ein anderer Takt, ein langsamerer Rhythmus. Doch so vertraut, wie es die Säulen umschmeichelt und sich in die Logen schmiegt, scheint auch dieses Lied hier zu Hause zu sein. Kein Wunder, lebt das Teatro della Concordia doch von seiner Vielseitigkeit. Vorgestern drehte hier noch eine aufstrebende Indie-Band ein surrealistisch anmutendes Musikvideo, nächste Woche steht eine Kabarettveranstaltung an.

Und heute? In ein paar Stunden wird Laura die Haare etwas sorgfältiger hochgesteckt, Jeans und Bluse gegen ein Abendkleid und ihre leichten Stoffturnschuhe gegen Pumps getauscht haben. Sie wird die Stimmen des auf den Sitzplätzen im Parkett und in den Logen wartenden Publikums hören. In den letzten Minuten vor dem Betreten der Bühne wird sie das Lampenfieber spüren und nervös in ihrer Umkleide auf und ab gehen wie ein Tiger im Käfig. Und irgendwann wird jemand an die Tür klopfen und sagen: »*È il momento.* – Es ist so weit.«

Das ist, was wirklich zählt. Nicht, ob das, was gespielt wird, modern ist oder altmodisch, experimentell oder klassisch, ernst oder vergnüglich. Auch nicht, ob es um Musik geht oder um ein Schauspiel, um eine Lesung oder um einen Vortrag. Wichtig ist nur, dass sich der Vorhang im Teatro della Concordia wieder hebt, um eine Idee am Leben zu erhalten, die vor zweihundert Jahren Wirklichkeit geworden ist.

Eine Hütte voller Gaumenfreuden

In Norcias provisorischer Einkaufspassage

Ai terremoti non v'è rimedio alcuno.
Se il cielo ci minaccia con le folgori,
pure si trova scampo nelle caverne.
Ma contro i terremoti non vale la fuga,
non giovano nascondigli.

Gegen Erdbeben gibt es keinerlei Mittel.
Wenn der Himmel uns mit Blitzen bedroht,
finden wir in Höhlen Schutz.
Doch gegen Erdbeben hilft keine Flucht,
und Verstecke bringen keinen Nutzen.

Francesco Petrarca

Stefano dreht mit der Rechten gleichmäßig das Schwungrad, während er mit der Linken vorsichtig die exakt null Komma sechs Millimeter dünnen Scheiben in Empfang nimmt und eine nach der anderen auf einem losen Stapel ablegt. In diesem winzigen Verkaufsraum herrscht chronischer Platzmangel, und ginge es nur um praktische Belange, hätte sich Stefano längst ein kleineres Gerät angeschafft. Doch auf seine teils verchromte, teils rot lackierte mechanische Schneidemaschine ist der Vierzigjährige mit dem Fünftagebart mindestens so stolz wie auf den Schinken, den er mit ihrer Hilfe portioniert. Zweihundert Gramm sollen es diesmal sein, und wie viel er dafür aufschneiden muss, hat er längst im Gefühl.

»Zwölf Monate ist das Mindeste für einen Prosciutto di Norcia«, erklärt Stefano seiner Kundin, »aber dieser hier ist sogar zwanzig Monate gereift. Natürlich in unserer Gegend, in der guten, sauberen Luft der Monti Sibillini. Das muss so sein, das sind die Regeln.«

Stefanos Schinken, von dem einige riesige Keulen an den Wänden seines Ladens und in dem kleinen Schaufenster neben der Eingangstür hängen, ist ein *prodotto a indicazione geografica protetta,* also ein Produkt mit geschützter Herkunftsbezeichnung. Um seinen Namen tragen zu dürfen, ist es neben dem festgelegten Herstellungsort noch vielen weiteren Vorschriften unterworfen.

»Es können nur Keulen verwendet werden, die mindestens achteinhalb Kilo schwer sind. Außerdem wird der Schinken zweimal eingesalzen. Aber für den charakteristischen Geschmack am wichtigsten ist die *sugnatura,* das Einfetten mit einer Schmalzmischung, für die jeder *norcino* sein eigenes Geheimrezept hat.«

Stefano hat die hauchzarten Scheiben in gewachstes Papier eingeschlagen und legt das kleine Päckchen vor sich auf die Theke. Auf seinem runden Gesicht erscheint ein breites Lächeln.

»Bitte sehr. Sonst noch einen Wunsch?«

Stefano betreibt, wie sein Vater und sein Großvater vor ihm, eine *norcineria.* Dieser Name bezieht sich auf die kleine jahrtausendealte Stadt Norcia am Fuß der Sibillinischen Berge, die als Geburtsort des heiligen Benedikt bekannt ist. Der Begründer des abendländischen Mönchstums und »Patron Europas« erblickte hier am Ende des 5. Jahrhunderts das Licht der Welt. Doch die Ortschaft verfügt über eine noch viel weiter zurückreichende Tradition, was Hülsenfrüchte, Trüffel und vor allem die Verarbeitung von Schweinefleisch betrifft. Deshalb ist jede *norcineria* auf Salami, Schinken und andere Wurstwaren spezialisiert, auch wenn heutzutage daneben oft ein reiches Angebot von Bier und Wein über *pasta* und Käse bis hin zu Knabbereien und Keksen ihre Regale füllt.

In der Antike führte die Via Salaria von Rom durch die unwegsamen Berglandschaften des heutigen Umbrien bis an die Adriaküste. Schon der Name deutet darauf hin, dass diese Verbindung für den Transport von Salz genutzt wurde. Wahrscheinlich entwickelten sich die Menschen, die in den an die Straße angrenzenden Gebieten lebten, bereits damals zu Spezialisten der Fleischkonservierung mithilfe von Salz. In den folgenden Jahrhunderten waren es wohl die in und um Norcia ansässigen Klöster, die die Schweinezucht in der gesamten Gegend etablierten. Sicher ist jedenfalls, dass es schon im Mittelalter den Beruf des *norcino* gab, der in den Wintermonaten gerufen wurde, um das Hausschwein zu schlachten und es zu Schinken und Wurst zu verarbeiten. Mit der Zeit entwickelten sich diese Schlachter zu einer Art fliegender Händler, die mit ihren haltbaren Schinken und Würsten aus Norcia durch die Lande zogen. Das war die Urform der heutigen *norcineria*.

»Lassen Sie sich nicht vom Namen verunsichern, das ist eine echte Spezialität!«

Die Kundin hat ihren Schinken bezahlt und war schon auf dem Weg nach draußen, als ihr Blick an einer von der Decke baumelnden Traube kompakter Salamis und dem dazugehörigen handgeschriebenen Schild hängen blieb.

Stefano hat bemerkt, dass die Dame ein wenig irritiert ist. Das überrascht ihn nicht. Der Name *coglioni di mulo* – »Maultierhoden« – sorgt seiner Erfahrung nach bei denen, die ihn zum ersten Mal lesen oder hören, entweder für Gelächter oder für Entsetzen. Dabei bezieht sich diese Bezeichnung ausschließlich auf die Form der handlichen Salamis, die, wenn sie wie üblich paarweise aufgehängt sind, mit ein wenig Fantasie tatsächlich an die Testikel der traditionell als Lasttiere genutzten Vierbeiner erinnert.

»Bei der Herstellung werden hundert Prozent bestes italienisches Schweinefleisch von der Schulter und vom Bauch verwendet«, beeilt sich Stefano, alle Missverständnisse auszuräumen. »Aber das Besondere an den *coglioni* ist, dass sich in jeder Salami ein intaktes Stück Speck verbirgt. Das lässt sie auch bei langer Trocknung nicht zu hart werden, außerdem sorgt es natürlich für ein spezielles Aroma.«

Die Frau nickt, wirkt jedoch nicht restlos überzeugt. Doch da sie schon mal beim Thema sind, erläutert ihr Stefano noch ein paar Details zu den anderen Salamikreationen, die über der Theke von der Decke hängen und sich neben einigen kompakten Laiben Pecorino di Norcia hinter der Scheibe der gekühlten Auslage stapeln. Da gibt es solche mit Knoblauch, mit Trüffeln, geräucherte oder sogar mit umbrischem Bier verfeinerte, lange und dünne, kurze und dicke, runde oder ovale, gerade oder hufeisenförmige. Nach einigem Hin und Her entscheidet sich die Dame für eine typisch umbrische Sorte: Wildschweinsalami.

»Eine gute Wahl, ein echter Klassiker«, meint Stefano, während er einen neuen Bogen gewachstes Papier ausbreitet und die Wurst darin einwickelt. Noch einmal wechseln ein paar Euro den Besitzer, dann verlässt die Kundin sichtlich zufrieden Stefanos *norcineria*.

Ein dekoratives Plastikschwein vor der kleinen Holzhütte soll dafür sorgen, dass der Laden schon von Weitem erkennbar ist. Schließlich sieht die benachbarte Hütte, die die alte Apotheke beherbergt, beinahe identisch aus. Gleiches gilt für das Bekleidungsgeschäft auf der anderen Seite. Man muss schon ziemlich erfinderisch sein, um etwas von dem Flair eines alteingesessenen Betriebs aus Norcias Altstadt in die seit zwei Jahren existierende provisorische Einkaufspassage in der Via della Stazione herüberzuretten.

Zunächst glaubten sie, sie seien noch einmal mit einem blauen Auge davongekommen. Als ein heftiges Erdbeben am 24. August 2016 das nur vierzig Kilometer entfernt liegende Städtchen Amatrice zerstörte, wurde zwar auch Norcia in Mitleidenschaft gezogen, aber im Vergleich hielten sich die Schäden hier in Grenzen. Doch dann kam der 30. Oktober. Morgens um sieben Uhr vierzig erschütterte ein weiterer, mit einer Stärke von sechseinhalb noch kraftvollerer Erdstoß Mittelitalien – und diesmal war das Epizentrum nur wenige Kilometer von Norcia entfernt. In der historischen Altstadt wie im vorgelagerten Neubaugebiet wurden Wände und Dächer aufgerissen, manche Gebäude fielen von einem Moment auf den anderen wie Kartenhäuser in sich zusammen. Der *campanile* der Benediktsbasilika stürzte ein und begrub das Hauptschiff des Gotteshauses unter sich, sodass nur noch die Fassade und die gegenüberliegende Apsis stehen blieben. Nebenan lag die Kathedrale Santa Maria Assunta ebenfalls in Trümmern.

In der Folge wurde das gesamte *centro storico* zur »Roten Zone« erklärt und abgeriegelt. Die Behörden stuften auch die nicht komplett zerstörten Häuser bis zur genaueren Inspektion durch Fachleute als einsturzgefährdet ein, weshalb man deren Bewohner kurzfristig in Hotels an der Adriaküste unterbrachte. Wer in der Altstadt gewohnt hatte, wusste nicht, ob und wann er würde zurückkehren können. Wer ein Geschäft innerhalb der mittelalterlichen Stadtmauern betrieben hatte, stand plötzlich vor dem wirtschaftlichen Ruin.

Noch am Tag des Bebens erschien der damalige Ministerpräsident Matteo Renzi in Norcia und versprach schnelle Hilfe. »Wir werden nicht nur die Häuser wieder aufbauen, sondern auch die Kirchen«, sagte er. »Denn ohne Kirche hätte Norcia seine Identität verloren.« Tatsächlich konnte es kaum ein bedrückenderes Symbol für die Katastrophe geben als die Ruinen der San Benedetto geweihten Basilika, die der Legende nach über dem Geburtshaus des Heiligen errichtet worden war und jedes Jahr unzählige Pilger in das ebenso idyllische wie abgelegene Neratal gelockt hatte. Die Zerstörung dieses Kulturdenkmals aus dem 14. Jahrhundert war ein Schock für ganz Italien. Doch für die *nursini* geht es beim Thema »Wiederaufbau« nicht nur um die Rettung historischer Werte. Für sie steht die Frage im Raum, ob ihre Heimatstadt eine Zukunft hat – und sie selbst in ihr.

Zwar wurden die betroffenen Gemeinden in den Tagen und Wochen nach dem Unglück von einer Welle der Solidarität überrollt, es gab freiwillige Helfer, Sachspenden und viele gute Vorsätze. Doch für echten Optimismus war bereits damals wenig Platz. Zu zahlreich waren die Beispiele aus der Vergangenheit, die zeigten: Ein Beben schlägt in der Regel doppelt zu. Einmal im Augenblick der Katastrophe, wenn es Gebäude und Infrastruktur zerstört, Menschen tötet und verletzt. Und dann in der Zeit nach dem Unglück, indem es den Betroffenen die Gemeinschaft und das Umfeld nimmt, die einem Leben die nötige Stabilität verleihen.

Die Entwicklung in Norcia sollte den Pessimisten schon bald recht geben. Zwar wurde in den ersten Monaten viel getan, um zu sichern und zu stabilisieren, was von der historischen Bausubstanz noch übrig war – doch als es ans Beseitigen der Schäden und an die nötigen Wiederaufbaumaßnahmen gehen sollte, geriet plötzlich alles ins

Stocken. Seitdem werden die frustrierend langen Phasen der Stagnation nur noch punktuell durch kleine Fortschritte unterbrochen. So sind die Straßen und Gassen des *centro storico* zwar längst wieder komplett zugänglich, doch man sieht überall Risse und klaffende Löcher im Mauerwerk und provisorisch stabilisierende Holzkonstruktionen, ebenso wie Schilder an den Fassaden, die darauf hinweisen, dass das Betreten des entsprechenden Gebäudes wegen Einsturzgefahr verboten sei. Auf der zentralen *piazza* steht die Statue des heiligen Benedikt vor der *grande vela*, dem »großen Segel«, wie die Einheimischen die seit Jahren wie ein groteskes Mahnmal in die Höhe ragende Fassade seiner Kirche getauft haben. Ein Gerüst verhindert seit Dezember 2016 ihren Einsturz. Doch ob und wann dieses Relikt wieder Teil einer kompletten Basilika sein wird, steht noch immer in den Sternen.

Immer wieder ist in den Reden der Politiker und in den Überschriften mancher Zeitung von der *rinascità* Norcias die Rede, von der Wiedergeburt, die bereits begonnen habe oder die jetzt zum Greifen nah sei. Doch die *nursini* in den Notunterkünften außerhalb der alten Stadtmauern merken davon so wenig wie die Inhaber und Angestellten der Geschäfte, die seit Jahren nicht in ihre angestammten Räume in der Altstadt zurückkehren können, sondern sich mit den Hütten in der provisorischen Einkaufsstraße zufriedengeben müssen.

Am Gitter vor der von Rissen umrahmten Eingangstür eines Hauses neben den Ruinen der Benediktsbasilika weist ein handgeschriebenes Schild darauf hin, dass die hier ansässige Boutique umgezogen sei. Man finde sie nun direkt vor dem Stadttor, in einer der Hütten in der Via della Stazione. Am Balkon über dem Gitter hängt seit April 2019 ein weißes Banner, auf dem leuchtend rote Druckbuchstaben anklagen: *Siamo stati dimenticati* – Wir wurden vergessen.

»Ciao, alla prossima!«

Mit einer lässigen Handbewegung verabschiedet Stefano die beiden Handwerker, die sich gerade zwei *panini con porchetta* bei ihm besorgt haben. Kalter Schweinerollbraten im Brot ist in einigen Zonen Mittelitaliens das typische Streetfood, das auf keinem Volksfest und auf keinem Wochenmarkt fehlen darf. Dabei gibt es natürlich regionale Besonderheiten. So ist Stefanos *porchetta,* wie in Norcia üblich, mit viel Fenchel gewürzt, während anderswo Rosmarin dominiert.

Als die mit Overalls und schweren Schuhen bekleideten jungen Männer die *norcineria* verlassen haben, kehrt wieder die Stille ein, an die sich Stefano nicht gewöhnen will. Dass diese Hütten bereitgestellt wurden, um den obdachlosen Läden eine provisorische Unterkunft zu bieten, hat seine *norcineria* zunächst einmal gerettet. Trotzdem ist kaum etwas wie vorher. Wenn an Wochenenden mit schönem Wetter viele Tagestouristen kommen, läuft das Geschäft gut. Aber an den vielen Tagen dazwischen ist es zu ruhig, denn seit dem Beben bleibt kaum ein Besucher länger als ein paar Stunden, während die Einheimischen abwandern. Für eine dauerhafte Perspektive müssten zumindest die Schule und das örtliche Gesundheitszentrum wieder in Betrieb genommen werden. Solange das nicht geschieht, könnte man wirklich annehmen, die *nursini* seien von den Verantwortlichen längst vergessen worden.

Stefano schleppt einen Karton durch den Verkaufsraum und stellt ihn vor dem Getränkeregal ab, das er anschließend mit den Flaschen aus seinem Inneren bestückt. »Birra Nursia«, steht auf den schlichten, aber stilvollen Etiketten. Diese Sorte wird von den Mönchen des zur Benediktsbasilika gehörenden Klosters gebraut. Der Erlös, der mit dem Bier erwirtschaftet wird, soll zum Wiederaufbau der Kirche beitragen.

Stefano ist noch nicht fertig, als sich die Ladentür hinter ihm wieder öffnet und es in dem kleinen Laden plötzlich sehr eng wird. Eine vierköpfige Familie aus Norditalien inspiziert das Angebot. Während die Kinder über die putzigen Schweinchen-Figuren aus Terrakotta lachen, mit denen Stefanos Frau neulich die Regale verschönert hat, möchte ihre *mamma* wissen, was sie Stefanos Meinung nach aus den *Lenticchie di Castelluccio* zubereiten sollte.

»Kommt darauf an«, meint Stefano und nimmt eine Packung der berühmten kleinen Linsen aus dem Regal, das sie sich mit den ebenfalls in der nahen Hochebene angebauten Platterbsen namens Roveja teilen. »Sie können sie natürlich als Beilage verwenden. Aber traditionell macht man eine Suppe daraus, nur mit etwas Sellerie, Knoblauch, Salz und Olivenöl. Dazu würde ich auch raten, weil so das besondere Aroma der *lenticchie* zum Tragen kommt.«

Die Hochebenen von Castelluccio liegen in Norcias direkter Nachbarschaft. Trotzdem dauert es mit dem Auto auf der schmalen Serpentinenstraße eine halbe Stunde, bis man die siebenhundert Meter Höhenunterschied überwunden und den von Bergen umgebenen Pian Grande erreicht hat. Das einzige Wäldchen weit und breit wurde 1961 an der Flanke eines Hügels gepflanzt und zeigt die Form des italienischen Stiefels mitsamt den Inseln Sardinien und Sizilien. Doch das ist nur eine von vielen Attraktionen, die man hier oben findet – diese Landschaft ist ein sich mit den Jahreszeiten verwandelndes, aber immer Ehrfurcht weckendes Spektakel.

Im Spätsommer erscheint die Ebene wie eine einzige ausgedehnte Steppe, deren changierende Grüntöne nahtlos von den Hängen der umliegenden Höhenzüge aufgenommen werden. So friedlich und einladend die Landschaft in dieser Zeit wirken mag, so harsch und beinahe lebensfeindlich begegnet sie dem Besucher etwas später. An keinem anderen Ort im Apennin-Gebirge kann es im Winter derart kalt werden, die Temperaturen sinken dann auf Tiefstwerte von bis zu minus dreißig Grad Celsius, und alles, was gerade noch grün war, erstarrt unter einer meterhohen Schneedecke. Die zieht sich mit dem Einbruch des Frühlings erst zaghaft, dann immer rasanter in die Berge zurück, deren Gipfel noch lange weiß bleiben, während unten längst

Traktoren zur Aussaat der Linsen über die Felder des Pian Grande rollen. Auf der felsigen Spitze des Monte Vettore, des nordöstlich der Ebene aufragenden, mit über zweitausendvierhundert Metern höchsten Bergs der Monti Sibillini, liegt manchmal sogar noch Schnee, wenn gegen Ende Mai mit der *fioritura* das größte Naturschauspiel beginnt, das die Hochebene von Castelluccio zu bieten hat.

Am auffälligsten ist der farbenfrohe Flickenteppich, zu dem sich nun all die rechteckigen Felder zusammensetzen. Das zarte Violett der Linsen wechselt sich ab mit dem Pink der Roveja und dem hellen Grün von jungem Getreide, überall dazwischen leuchten unzählige knallrote Mohnblüten. Die Landwirte wissen natürlich um die entstehenden Farbeffekte, und bei der Planung der Aussaat spielen diese neben dem notwendigen Fruchtwechsel durchaus eine Rolle. Schließlich ist man hier stolz darauf, dass es nirgendwo in Italien etwas Vergleichbares gibt.

An den Rändern der Ebene, wo das Gelände nicht landwirtschaftlich genutzt wird, entwickelt sich dagegen eine sogenannte *fioritura spontanea* ohne direkten Einfluss des Menschen: Veilchen, Ranunkeln, Affodill und Klee sind nur einige der Pflanzen, die hier blau, gelb und weiß um die Wette blühen und dabei ein Gesamtbild erzeugen, das manchen Betrachter sogar noch mehr verzückt als die *campi* der Bauern. Wer Glück hat, erlebt hier ein Fest für alle Sinne: die Farbenpracht und den aromatischen Duft der *infiorata*, einen sanften Windhauch von den umliegenden Gipfeln, die Stille der

Bergwelt. Allerdings ist gerade Letzteres nicht garantiert, denn das berühmte Blütenmeer treibt jedes Jahr eine Karawane von Schaulustigen in die Hochebene, sodass sich auf der ansonsten meist wenig befahrenen Zufahrtsstraße aus Norcia zeitweise Staus bilden. Die meisten Besucher kommen am dritten sowie am letzten Junisonntag zur Festa della Fioritura.

Einige der hundertzwanzig Einwohner des auf einem Hügel am Rand des Pian Grande liegenden Dorfes Castelluccio haben sich in den vergangenen Jahrzehnten darum bemüht, einen sanften Tourismus auch jenseits der Blütenperiode zu etablieren. Schließlich hat diese Gegend als Teil des Parco Nazionale dei Monti Sibillini für Naturliebhaber zu jeder Jahreszeit ihren Reiz und eignet sich beispielsweise hervorragend als Ausgangspunkt für ausgedehnte Wanderungen oder Ski- und Schneeschuhtouren. So wurden mehr Unterkünfte geschaffen und Stellplätze für Wohnmobile eingerichtet, außerdem siedelte sich bereits in den siebziger Jahren eine Gleitschirmschule an. Neben der Vermarktung der heimischen Hülsenfrüchte und anderer landwirtschaftlicher Erzeugnisse hatte man es Schritt für Schritt geschafft, ein weiteres wirtschaftliches Standbein aufzubauen.

Das endete mit dem Beben. Mit den Wohnhäusern, den Restaurants, den Hotels und der Kirche stürzten auch viele Lebensentwürfe in sich zusammen. Seit Oktober 2016 ist das Dorf Castelluccio, dessen Wurzeln bis in die Antike zurückreichen, beinahe komplett zerstört und verlassen. Einen

Neuanfang zu wagen bedeutet in einer derart abgelegenen Gegend mit chronisch mangelhafter Infrastruktur noch größere Mühen und noch mehr Risiko als anderswo.

Ein Projekt, mit dessen Verwirklichung manche große Hoffnungen verbanden, nennt sich Deltaplano. Das ist das italienische Wort für Gleitschirm, und tatsächlich bildet das Ensemble aus flachen Gebäuden, das seit 2018 am Fuß des Hügels von Castelluccio steht, aus der Vogelperspektive die charakteristische Dreiecksform dieser bei gutem Wetter häufig über dem Pian Grande kreisenden Sportgeräte. Es sollte Platz für neun ortsansässige Betriebe wie Hotels, Restaurants und Trekking-Geschäfte und die Gleitschirmschule bieten, um die notwendige wirtschaftliche Basis für einen Wiederaufbau zu schaffen.

Genehmigt wurde der Bau im Nationalpark unter der Voraussetzung, dass er provisorischen Charakter habe und somit das Landschaftsbild nicht nachhaltig stören werde. Viele Naturschützer und einige Einheimische sind trotzdem skeptisch. Es gehe beim Deltaplano letztlich darum, an einem der außergewöhnlichsten Orte des Landes im Widerspruch zu den für Naturparks gültigen Regeln ein Einkaufszentrum zu errichten, während das in vielen Generationen gewachsene Dorf hundert Meter entfernt noch immer ein Trümmerhaufen sei.

»Wir nehmen noch den Honig«, verkündet die *mamma* aus Norditalien und stellt ein Glas Miele millefiori di Castelluccio zu dem beträchtlichen

Berg an regionalen Spezialitäten, die sich die Familie inzwischen ausgesucht hat. Das Etikett zeigt die bunte Pracht der *fioritura*. Stefano tippt auf die Tasten seiner altertümlichen Registrierkasse, wenig später ist alles bezahlt und in Tüten verpackt, kurz darauf ist er wieder allein.

Sein Blick fällt auf den Karton vor dem Regal mit den Getränken. Er geht hin, nimmt die letzte Bierflasche heraus, stellt sie zu den anderen. Vor ein paar Jahren stand in einem kritischen Zeitungsartikel über den Deltaplano von Casteluccio, dass in Italien kaum etwas so beständig sei wie ein Provisorium. Da ist etwas dran, keine Frage. Wer auf die Schauplätze der großen Erdbebenkatastrophen der vergangenen Jahrzehnte blickt, sei es das 1980 verwüstete Irpinia bei Neapel oder das 2009 zerstörte L'Aquila in den Abruzzen, der findet diese bittere Wahrheit bestätigt. Zu oft werden Zwischenlösungen zur Endstation, und die Sonntagsreden vom Wiederaufbau entpuppen sich als leere Worte.

Was soll er also tun? Weggehen, wie es bereits so viele getan haben?

Stefano will bleiben. Er will daran glauben, dass die Zukunft seines Geschäfts jenseits dieser Holzhütte liegt. In schwierigen Momenten hadert er mit dem Schicksal und mit seiner eigenen Ungeduld. Aber es gibt auch die guten Augenblicke. Etwa wenn seine Ware im Internet überschwänglich gelobt wird, oder wenn der Apotheker aus der Hütte nebenan einen riesigen Geschenkkorb bei ihm bestellt, weil er seinen Schinken für den besten in ganz Norcia hält. In diesen Momenten ist sich

Stefano sicher: Irgendwann wird er das dekorative Plastikschwein vor die Tür des Hauses stellen, in dem schon zwei Generationen vor ihm Schinken und Wurst aus Norcia und Umgebung verkauften. Er wird dort wieder die Regale füllen, und die putzigen Terrakottafiguren seiner Frau werden darin sogar noch viel besser zur Geltung kommen. Und hinter der Theke wird viel mehr Platz sein für die teils verchromte, teils rot lackierte mechanische Schneidemaschine, auf die er beinahe ebenso stolz ist wie auf seinen unvergleichlichen *Prosciutto di Norcia.*

Zu schön, um wahr zu sein

Was Todi einzigartig macht – und was nicht

> *Il posto più vivibile della Terra? È Todi.*
>
> *Der lebenswerteste Ort der Erde? Das ist Todi.*
>
> La Repubblica, 13.10.1991

Todi ist die lebenswerteste Stadt der Welt. Wirklich? Nicht etwa nur die lebenswerteste Stadt Italiens – eines Landes, dem es an schönen Orten wahrlich nicht mangelt – oder der durchaus malerischen Region Umbrien, sondern gleich auf dem gesamten Globus? Ja, so ist es. Zumindest, wenn es nach vielen Reiseführern, Onlineportalen, Zeitungsartikeln und Werbebroschüren geht. Von seriösen amerikanischen Wissenschaftlern sei das eindeutig festgestellt worden, heißt es. Also muss an der Sache doch was dran sein, oder?

Der Sechzehntausend-Einwohner-Ort am Rand des Tibertals hat in der Tat eine Menge zu bieten: Er thront majestätisch auf einem Hügel, was grandiose Ausblicke in die von bewaldeten Anhöhen dominierte Umgebung ermöglicht. Er wurde bereits vor Tausenden von Jahren von den Umbrern gegründet, besitzt eine zentrale *piazza*, die auf das römische Forum der Antike zurückgeht, und hat mit seinen engen Gassen, dem imposanten Dom und einigen markanten Repräsentationsbauten bis heute ein intaktes Bild einer mittelalterlichen Stadt bewahrt.

All diese Aspekte machen einen Besuch lohnenswert, und einige davon wirken sich wahrscheinlich positiv auf das Lebensgefühl der Einheimischen aus. Doch es gibt ziemlich viele Orte in der Region, die dieselben oder zumindest sehr ähnliche Vorzüge aufweisen. Ist Todi also doch nur eine ganz gewöhnliche umbrische Stadt? Und wenn nicht, worin liegt dann ihre Einzigartigkeit?

Blickt man etwa acht Jahrhunderte zurück, dann wäre da zum Beispiel Jacopone da Todi. Er wurde um 1230 in Todi geboren und gilt heute als einer der bedeutendsten Verfasser mittelalterlicher Dichtkunst. Sein Grab befindet sich in der Kirche San Fortunato, gleich neben dem prunkvollen Sarg des ehemaligen Bischofs und heutigen Stadtpatrons.

Schenkt man den Biografien Glauben, die lange nach seinem Tod verfasst wurden, führte Jacopone ein wechselhaftes und ereignisreiches Leben: Als Spross einer bedeutenden Familie studierte er Jura, verdingte sich als junger Mann als Notar und Anwalt und genoss ein Leben in Saus und Braus, bis seine geliebte Ehefrau bei einer ausgelassenen Tanzveranstaltung stürzte und an den Folgen dieses Unfalls starb. Dieses schreckliche Erlebnis veränderte ihn fundamental: Er verabschiedete sich von allen weltlichen Annehmlichkeiten und verbrachte die folgenden zehn Jahre als bettelnder Wanderprediger. Schließlich trat Jacopone einer Vereinigung von Franziskaner-Minoriten bei, als

Ordensbruder wurde er zum Urheber von Gedichten, die sich hauptsächlich mit dem Leiden Christi und der himmlischen Gnade befassen und ihn bis heute unsterblich gemacht haben.

Wer sich unter Jacopone nun einen besonnenen, friedliebenden Poeten vorstellt, dürfte sich irren. Der Ordensbruder verfocht sein Armutsideal mit einiger Vehemenz und machte sich dabei viele Feinde. Jacopones Bedeutung als Dichter liegt hauptsächlich im umbrischen Alltagsdialekt, den er in seinen Arbeiten oftmals dem damals unter Gelehrten und Schriftstellern üblichen Latein vorzog. Doch dieser Umstand ist vor allem für Sprachwissenschaftler interessant. Alle anderen können sich durch die inbrünstigen Verse von der gefühlvollen Seite des streitbaren Poeten überzeugen lassen. Lange Zeit war die Auffassung verbreitet, dass er sein Können in dem später unzählige Male übersetzten und mindestens ebenso oft vertonten Hymnus »Stabat Mater« am überzeugendsten bewiesen habe. Nie zuvor und nur selten danach sei das Bild der unter dem Kreuz leidenden Maria mit so herzzerreißenden Worten beschrieben worden. Kein Wunder, dass man in Todi stolz auf Jacopone ist.

Leider sind sich die meisten Experten inzwischen einig: Der Tudinenser kann entgegen der traditionellen Überlieferung nicht als Autor des »Stabat Mater« gelten. Dass Jacopone das Werk vielerorts weiterhin zugeschrieben wird, liegt wohl einfach daran, dass die Geschichte zu schön ist, um nicht erzählt zu werden. Und selbst wenn sich die Fachleute doch irren sollten: Jacopone da Todi mag ein großer Dichter und der berühmteste Sohn der Stadt sein – aber er hat Todi sicherlich nicht zur lebenswertesten Stadt der Welt gemacht.

Wenn man dieses Kunststück jemandem zuschreiben kann, dann dem amerikanischen Professor Richard Levine. In Lexington, Kentucky, forscht er seit Jahrzehnten zum Thema nachhaltige Städteplanung, um 1990 führten ihn einige Kongresse nach Mittelitalien. Irgendwann kam er dabei auch nach Todi und ihm fiel auf, dass die Stadt in vielerlei Hinsicht dem Konzept einer »Sustainable City-As-A-Hill« entsprach, an dem er seit einiger Zeit arbeitete: ein zentraler, kompakter und nicht unendlich erweiterbarer Geschäfts-, Industrie- und Lebensbereich, in dem man sich hauptsächlich fußläufig bewegt, und rundherum landwirtschaftlich genutzte Flächen. Die mittelalterlichen Mauerringe begrenzen das Wachstum, dazu herrscht ein nahezu optimales Mikroklima. Die Zahl der in Todi lebenden Menschen entsprach außerdem ziemlich genau dem Ideal der damaligen Computermodelle. Völlig arglos nannte Richard Levine fortan in einigen wissenschaftlichen Beiträgen und Reden die umbrische Stadt Todi als Beispiel dafür, wie eine über Jahrhunderte natürlich gewachsene Stadt die Erkenntnisse der modernen Wissenschaft widerspiegle.

Die italienische Presse verwandelte seine Ausführungen kurzerhand in eine griffige Schlagzeile und verkündete, Todi sei die lebenswerteste Stadt auf dem gesamten Planeten Erde. Einem entsprechenden Artikel in der römischen Tageszeitung *La Repubblica* folgten bald weitere, die ins selbe Horn stießen. Damit war der Geist aus der Flasche. Internationale Zeitungen und Magazine, vor allem aus der englischsprachigen Welt, nahmen den griffigen Slogan auf, bald war er auch in fast allen Reiseführern über die Region zu lesen.

Umbrische Tourismusbüros freuten sich über den Rückenwind aus der Wissenschaft und beriefen sich in ihrer Werbung auf die »Forscher aus den USA«, Immobilienmakler erkannten ihre Chance, das bisher eher preisgünstige Todi zu einem Hotspot auf dem weltweiten Markt für Ferienwohnungen und -häuser zu machen – mit Erfolg. Nicht nur die Touristenzahlen schnellten beinahe über Nacht in die Höhe, auch die Nachfrage nach Immobilien in und um Todi stieg derart an, dass bald von einem »Ausverkauf« der Stadt die Rede war. Häuser- und Grundstückspreise vervielfachten sich, in den Gassen der Innenstadt drängten sich immer mehr Amerikaner, Engländer und Australier, die dem vermeintlichen Geheimnis dieses Ortes auf die Spur kommen und wenn irgendwie möglich einen Teil davon kaufen wollten. Der Hype um das angeblich ideale Leben in Todi sorgte bei vielen Einheimischen für Verdruss. Zwar hatte man sich über die vergangenen Jahrzehnte an Touristen gewöhnt, man hatte gut von und mit ihnen gelebt – aber diese Welle drohte jedes Maß zu sprengen.

Richard Levine versuchte, das Missverständnis aufzuklären. Doch so gern man ihn zunächst zitiert hatte, so wenig drang er nun durch. Es dauerte etwa ein Jahrzehnt, bis der Boom rund um Todi spürbar nachließ. Heute geht es hier wieder merklich ruhiger zu, auch wenn der Slogan von der lebenswertesten Stadt der Welt noch immer vielerorts präsent ist.

Wer den immer wieder steil ansteigenden, grob gepflasterten Straßen Todis in Richtung Zentrum folgt, landet irgendwann unweigerlich auf der Piazza del Popolo. Umgeben von dicht gedrängten, repräsentativen Gebäuden wirkt das lang gezogene Rechteck wie eine breite Prachtstraße, deren erhöht gelegenen Zielpunkt an der nördlichen Schmalseite der Dom bildet. Verstärkt wird der theatralische Eindruck durch die fast die ganze Breite des Platzes einnehmende Treppe, die zum Eingangsportal des Gotteshauses führt. Von dort oben blicken Besucher mit einem Gefühl der Erhabenheit auf die sich vor ihnen ausstreckende *piazza*, und beim Hinabschreiten mühen sich alle um größtmögliche Eleganz, scheinen doch sämtliche Augen auf sie gerichtet zu sein. Kaum jemand wird sich wundern zu lesen, dass bereits Liz Taylor im Jahr 1963 bei den Dreharbeiten zu dem Monumentalepos »Cleopatra« über diese Stufen gewandelt sei. Unzählige Blogs und Internetseiten, aber auch manche Reiseführer, die sich mit Todi befassen, wissen mit dieser Information zu glänzen.

Umso überraschender ist, dass in der Stadt niemals Dreharbeiten zu »Cleopatra« stattfanden. 1961 drehte Peter Ustinov hier einige Szenen seiner Komödie »Romanoff und Julia«, vier Jahre später wurde das Areal für die Verfilmung der Michelangelo-Biografie »Inferno und Ekstase« mit Charlton Heston zum römischen Petersplatz. Außerdem ist der Treppenaufgang zum Dom in mehreren Einstellungen des Films »Per grazia ricevuta« von Nino Manfredi aus dem Jahr 1971 zu sehen, auch aktuellere Produktionen wie die Neuverfilmung von »Der Name der Rose« von 2018 wurden in der umbrischen Stadt aufgenommen. Aber Liz Taylor war nie in Todi – egal, was die Leute im Internet voneinander abschreiben.

Es ist schon auffällig, wie viele der Geschichten, die sich um Todi ranken, bei genauerem Hinsehen einer Korrektur bedürfen. Beinahe scheint es so, als gäbe es diese Stadt zweimal.

Zum einen in der Fantasieversion, in der sich der Ordensbruder Jacopone seinen Weltschmerz in den unsterblichen Versen des »Stabat Mater« von der Seele schrieb, in der Liz Taylor in einem prächtigen Kostüm unter den Augen Tausender auf der Piazza del Popolo versammelter, ebenfalls kostümierter Komparsen die Domstufen hinabschritt und die amerikanische Forscher dreißig Jahre später zweifelsfrei zum schönsten und lebenswertesten Ort der Welt erklärten.

Und dann ist da das echte Todi. Die Stadt, die sich wenig darum schert, was über sie geschrieben und erzählt wird. Die stoisch auf ihrem Hügel zu ruhen und sich kaum zu verändern scheint, während ringsumher neue Zeitalter anbrechen und vergehen. In der vormittags die Wäsche an die Leine vor dem Fenster gehängt wird, während sich das Glockengeläut des Domes unter die Stimmen der Passanten in den Gassen mischt. In der man Anfang September, beim Todi-Festival, spektakuläre Musik- und Theateraufführungen erleben kann, während man sich in den Weinbergen der Umgebung auf die Lese vorbereitet. In der *motorini* über die Pflastersteine knattern, während in einer Bar an der Piazza Garibaldi drei ältere Herren zusammensitzen und einander kopfschüttelnd von den verrückten Jahren erzählen, als sogar der Chef von Warner Brothers hier ein *castello* mit ein paar Hundert Hektar Land rundherum kaufte und irgendwelche Amerikaner die hiesigen Kunsthandwerker nach New York abzuwerben versuchten. Die Stadt, in der der Sonnenuntergang die Ruinen der Burg des Kardinals Albornoz in rötliches Licht taucht, während in den Pinien des sie umgebenden Parks ganze Schwärme von Singvögeln zwitschern.

Das echte Todi ist ein ganz normales Stück Umbrien. Und dabei beinahe zu schön, um wahr zu sein.

Keramik rockt

Wie Giovanni uraltes Handwerk neu belebt

> *You are not realistic unless you believe in miracles.*
>
> *Du bist kein Realist, wenn du nicht an Wunder glaubst.*
>
> Carlos Santana

Während er malt, denkt Giovanni nicht nach. Er bewegt den Pinsel ruhig und behände, ohne zu zögern, ohne zu zittern. Die feinen Borsten hinterlassen tiefdunkle Linien auf dem weißen Untergrund. Einfache, sich wiederholende Muster, die Giovanni zunächst behutsam mit einem Bleistift vorgezeichnet hat, werden so nach und nach zu kunstvollen Ornamenten. Motive, mit denen in der Zehntausend-Einwohner-Gemeinde Deruta seit Jahrhunderten Wand- und Bodenfliesen, Schüsseln, Vasen, Teller und Amphoren aus Keramik verziert werden.

Auch die Regale in Giovannis Laden im Erdgeschoss seines Elternhauses sind mit diesen klassischen Majolikaprodukten gefüllt. Nur eines will nicht so recht ins Bild eines typischen Souvenirgeschäfts passen: der Marshall-Gitarrenverstärker in der Ecke, neben dem ein Instrumentenkabel sorgfältig zusammengerollt auf dem Boden liegt. An der Werkbank, die in einem der beiden Verkaufsräume zwischen den Regalen steht, arbeitet Giovanni heute an etwas Besonderem. Etwas Eigenem, das es sonst nirgendwo gibt – weder in Deruta noch an einem anderen Ort auf der Welt.

Es ist früher Nachmittag, die Sonne scheint durch die beiden Schaufenster, draußen auf der kleinen *piazzetta* mit dem dekorativen Brunnen in der Mitte ist niemand zu sehen. Ein Mofa rattert durch eine nahe Gasse, doch kaum ist dessen kreischender Motorenlärm verklungen, legt sich wieder die übliche Stille über das von mittelalterlichen Mauern umgebene *centro storico*.

Die günstige Lage Derutas auf einem Hügel am Rand des Tibertals und die leicht auszubeutenden Lehmvorkommen in der Umgebung lassen vermuten, dass die Tradition des Töpferhandwerks in dieser Gegend bereits Jahrtausende zurückreicht, auch wenn ein Dokument aus dem 13. Jahrhundert als die älteste erhaltene Quelle gilt, die die hiesigen Töpferwaren erwähnt. Zunächst wurden einfache Gegenstände zum täglichen Gebrauch hergestellt und exportiert. Erst mit der Epoche der Renaissance rückte die filigrane, dekorative Bemalung der Keramik in den Mittelpunkt und die umbrische Stadt erlebte ihre wirtschaftliche und kulturelle Blüte.

Giovanni geht bereits auf die fünfzig zu, doch mit seinem schmächtigen Körper, den kurz geschorenen Haaren und seinem verschmitzten Lächeln strahlt er etwas Jungenhaftes aus. Er ist niemand, der mit seiner Kunst und seinem Talent prahlt, sondern von Natur aus schüchtern und zurückhaltend. Erst wenn man ihn bei der Arbeit beobachtet, spürt man das Selbstbewusstsein eines Mannes, der genau weiß, was er tut. Nun, da die dunklen Umrandungen fertig sind und die Farbe getrocknet ist, beginnt Giovanni, die Flächen der einzelnen Formen auszumalen. Das zarte Rosa, mit dem er anfängt, wird sich mit dem zweiten Brennvorgang in einen kräftigen Blauton verwandeln.

»Das sind die ursprünglichen Farben, die man bei uns schon vor Hunderten von Jahren verwendet hat«, erklärt er, ohne den Blick von seinem Werkstück zu nehmen. »Inzwischen gibt es natürlich viele synthetische Neuheiten, sodass wir bei der Arbeit nicht mehr auf das alte Spektrum begrenzt sind. Aber ich bleibe bei der gesamten Herstellung beim Traditionellen. Mein Objekt an sich ist ja schon etwas Neues.«

Wieder gilt es, geduldig und mit ruhiger Hand unzählige Pinselstriche aufzutragen und so die Farbschicht zu vervollständigen, die am Ende das gesamte, bereits einmal bei mehr als tausend Grad Celsius gebrannte Werkstück bedecken wird, das dann erneut in den Ofen kommt. Wie all das funktioniert, hat Giovanni von seinem Onkel gelernt.

»Ich bin nicht – wie die meisten hier – in einer Keramikwerkstatt aufgewachsen. Meine Mutter hat zwar in einer Majolikafabrik gearbeitet, aber mein Vater war Elektriker. Ich habe mich in eine völlig andere Richtung orientiert und nach der Schule in Perugia meinen Abschluss als Buchhalter gemacht. Mein Traumberuf war das allerdings nie.«

Den fand er auch nach dem Abschluss seiner Ausbildung nicht so schnell, sondern probierte jahrelang die unterschiedlichsten Jobs aus.

»Das Schlimmste war die Arbeit in einer Hühnerfarm.« Giovanni hält für einen Moment inne und schüttelt nachdenklich den Kopf. Dann setzt er den Pinsel erneut an. »Ich habe heute noch den Geruch der toten Tiere in der Nase, wenn ich daran denke. Fürchterlich. Meine Leidenschaft für die Musik war das Einzige, was das für mich erträglich machte.«

Seit Giovannis sechzehntem Lebensjahr schlägt sein Herz für Rockmusik, für die Beatles und die Stones, für Led Zeppelin, Pink Floyd und Guns N'Roses. Er selbst spielte in seiner Freizeit E-Gitarre in einer Band, es gab einige Auftritte, ein paar Eigenkompositionen, die im Internet Anklang fanden. Aber der große Durchbruch wollte sich nicht einstellen, und von irgendetwas muss man schließlich leben. So entschied sich Giovanni eines Tages, im Erdgeschoss seines Elternhauses einen Keramikladen zu eröffnen.

»Was soll man hier auch anderes verkaufen? Die Leute kommen schließlich zu uns nach Deruta, weil wir diese Tradition haben.«

Eine Tradition, die beinahe ausgestorben wäre. Im 19. Jahrhundert war die hiesige Keramikproduktion nach einem langsamen, aber stetigen Niedergang fast ganz zum Erliegen gekommen. In einer Zeit der wirtschaftlichen und gesellschaftlichen Umbrüche fehlten wohlsituierte Abnehmer für hochwertige, aber letztlich rein dekorative Objekte. Die wenigen verbliebenen Fabriken stellten deshalb künstlerisch bedeutungslose Gebrauchsware her. Hätten nicht einige Idealisten Anfang des 20. Jahrhunderts eine Ausbildungsstätte für Keramikdesign ins Leben gerufen, wären die alten Techniken und Motive wohl für immer in Vergessenheit geraten.

Die künstlerische Rückbesinnung auf die Renaissance, verbunden mit einer behutsamen Modernisierung, bescherte Deruta zuletzt eine wirtschaftliche Wiedergeburt. Heute findet man in fast allen Schaufenstern in der malerischen Altstadt sowohl traditionelle als auch experimentelle Keramik – von winzigen Souvenirs bis zu riesigen Deko-Tellern und meterhohen Amphoren. An der Schnellstraße am Fuß des Hügels haben sich die größeren Majolikageschäfte angesiedelt, dazu Fabriken, die Brennöfen und anderes Zubehör für die Keramikproduktion liefern. Ganz Deruta lebt von diesem Gewerbe – und Giovanni wollte nach all den schlechten Erfahrungen, die er anderswo gesammelt hatte, ein Teil davon werden.

»Aber am Anfang konnte ich noch nichts selbst herstellen, also habe ich bei anderen eingekauft, um meine Regale zu füllen. Dann begann ich, bei meinem Onkel in die Lehre zu gehen, einem echten Meister, der jeden Kniff kennt. Ich mag die Farben und Formen, um die es geht. Vor allem die traditionellen Muster des *rinascimento* habe ich schon immer geliebt. Nach einem Jahr konnte ich mein erstes eigenes Stück fertigstellen, und mein Onkel war zufrieden. Da wusste ich: Das ist eine Tätigkeit, die mir entspricht. Mit Sorgfalt und Geduld an einem schönen und hochwertigen Produkt zu arbeiten, das erfüllt mich. Allerdings habe ich nach einiger Zeit Lust bekommen, auch einmal etwas Neues auszuprobieren. Mein Traum war, meine beiden Leidenschaften zu verbinden: die traditionelle Keramik und die Rockmusik.«

Wieder galt es, ein neues Handwerk zu erlernen – diesmal das eines *liutista*, eines Lauten- oder Gitarrenbauers. Giovanni zerlegte kurzerhand seine eigene E-Gitarre der Marke Fender in alle Einzelteile, um ihren Aufbau und vor allem ihre Form genau zu studieren. Dann folgten die ersten Versuche, einen Gitarrenkorpus aus Ton herzustellen.

»Das war extrem schwierig. Zwei Probleme bereiteten mir am meisten Kopfzerbrechen: Die Gitarre sollte am Ende ausreichend Stabilität besitzen, aber gleichzeitig keinesfalls zu schwer werden. Es hat lange gedauert, bis ich beides im Griff hatte.«

Wie er den Rohling für den Korpus anfertigt, sodass er den Brennvorgang schadlos übersteht, ist bis heute Giovannis Betriebsgeheimnis.

»Der Korpus ist komplett aus Keramik, nur an den Tonabnehmern verbaue ich etwas Holz, das verbessert den Klang.«

Andere hölzerne Bauteile wie Hals und Griffbrett werden von Giovanni je nach Modell mit dekorativen Majolikaeinlagen versehen, außerdem bestehen sämtliche Knöpfe und Hebel aus Keramik. Ob auch anderswo auf der Welt solche E-Gitarren produziert werden?

»Nicht, dass ich wüsste. Es ist eben sehr aufwendig. Ich brauche für ein Stück etwa drei Monate Arbeitszeit. Man muss für die Instrumente schon sehr hohe Preise verlangen, damit sich das lohnt.«

Doch der Gedanke an den Verkauf seiner Kreationen stand für Giovanni nie im Vordergrund.

»Daran habe ich zuerst gar nicht gedacht. Es ging einfach darum, diese Herausforderung anzunehmen, alle Hürden zu überwinden und meine Idee in die Realität umzusetzen. Und als ich die ersten Modelle fertig hatte, wollte ich beobachten, ob und wie sich das Material mit der Zeit verändert und wo man noch etwas verbessern kann. Deshalb lehnte ich einen Verkauf strikt ab.«

Obwohl es dafür durchaus Möglichkeiten gegeben hätte. Sobald sich die Kunde von den ungewöhnlichen Gitarren, die da in einem kleinen Ort in Umbrien hergestellt würden, herumgesprochen hatte, trudelten Anfragen ein. Als etwas später sogar ein Beitrag über Giovanni im italienischen Fernsehen gezeigt wurde, ging es erst richtig los: Jemand wünschte sich eine Sonderanfertigung im Country-Stil, E-Bassisten und klassische Violinisten erkundigten sich, ob Giovanni vielleicht auch ihre Instrumente aus Keramik fertigen könne.

»Das alles kam für mich nicht infrage. Ich wollte bei meinem Instrument, meinen Ideen und bei den Mustern aus der Zeit der Renaissance bleiben. Also habe ich immer wieder Nein gesagt.«

Demnach gibt es auf der ganzen Welt noch immer niemanden außer Giovanni selbst, der im Besitz einer seiner Keramik-Gitarren ist?

»Doch, einen gibt es.« Giovanni deutet mit dem Pinsel in Richtung des vergilbten Zeitungsausschnitts, der an der Innenseite eines der Schaufenster klebt. »Carlos Santana. Dem habe ich die

Gitarre geschenkt, auf der er beim Festival ›Umbria Jazz‹ in Perugia gespielt hat.«

Die Organisatoren des Festivals hatten den Fernsehbeitrag gesehen und Giovanni daraufhin gefragt, ob er dem legendären Gitarristen nicht eines seiner Instrumente zeigen wolle. Das tat er. Und der Rockstar war so begeistert, dass er noch am selben Abend vor Publikum auf der mitgebrachten Gitarre spielte.

»Es war unglaublich, Santana damit auf der Bühne zu sehen. Natürlich durfte er die Gitarre behalten. Einige Wochen danach hat sich sein Manager bei uns gemeldet und sich noch mal in seinem Namen bei mir bedankt. Außerdem wollte er den Wert des Instruments wissen, weil er ihn der Versicherung mitteilen müsse. Da konnte ich nicht mehr umhin, einen Preis zu nennen. Also rechnete ich alles zusammen: Material, Arbeitszeit – und kam auf zwölftausend Euro.«

Giovanni legt den Pinsel weg, steht auf und streckt sich. Alle Flächen, die in fertigem Zustand blau sein sollen, sind bemalt. Vor dem Auftrag des nächsten Farbtons muss das Ganze trocknen. Giovanni legt seinen Kittel ab und verlässt den Raum, um sich die Hände zu waschen. Als er wiederkommt, greift er nach einer der Gitarren im Schaufenster.

»Das ist eine der letzten, die ich gemacht habe. Wiegt vier Kilo, kaum mehr als eine übliche E-Gitarre mit Holzkorpus.«

Er befestigt den Gurt, hängt sich die Gitarre um, hebt das aufgerollte Kabel vom Boden auf, stöpselt es in die Buchse am Korpus und schaltet den Verstärker ein, der sofort ein sonores Brummen von sich gibt. Mit ein paar routinierten Bewegungen hat Giovanni das Instrument nachgestimmt, dann dreht er die Lautstärke auf. Ein erster Akkord dröhnt aus dem riesigen Lautsprecher, der Sound füllt den kleinen Laden bis auf den letzten Winkel aus und dringt durch die geöffnete Tür auf die eben noch friedlich vor sich hin schlummernde *piazzetta*.

Giovanni schlägt eine einzelne Saite an und zieht sie am Griffbrett hoch, sodass ein heulender Klagelaut erklingt, der nach ein paar Sekunden in weiteren Akkorden aufgeht. Er könnte über eine neue Herausforderung nachgrübeln. Schließlich sind seine Gitarren inzwischen derart ausgefeilt, dass er sich vor wenigen Wochen doch dazu durchgerungen hat, sie ganz offiziell mit einem Preisschild zu versehen. Er könnte sich fragen, ob er es bereuen wird, sobald die Erste von ihnen für einen fünfstelligen Betrag über die Ladentheke geht. Oder er könnte sich eine Marketingstrategie überlegen, damit sich all die Mühen endlich auszahlen. Aber in diesem Augenblick beschäftigen ihn diese Dinge nicht. Denn während er spielt, denkt Giovanni nicht nach.

Zwischen den Welten

Der Nebel verbirgt, der Nebel enthüllt

*It is the uncertainty that charms one.
A Mist makes things wonderful.*

*Nur die Ungewissheit hat für uns Reiz.
Ein Nebel macht die Dinge wunderbar.*

OSCAR WILDE,
THE PICTURE OF DORIAN GRAY

Am hartnäckigsten hält er sich im Tibertal, das von Città di Castello im Norden bis nach Terni im äußersten Süden der Region reicht, sowie ein Stück weiter östlich, in der Valle Umbra, wo die Stadt Foligno oft ganze Tage im grauen Dunst versinkt. Doch gelegentlich steigt der Nebel auch auf, erklimmt die unzähligen Hügel der Region und erreicht all die großen und kleinen Siedlungen an ihren Flanken und auf ihren Kuppen. Dann setzt er sich in den Gassen Gubbios, Narnis, Assisis und Spoletos fest und verhüllt nicht zuletzt das Antlitz der stolzen Hauptstadt Perugia. Ganz im Osten zwängt er sich in die engen Schluchten der Valnerina und breitet sich in den Hochebenen von Norcia und Castelluccio aus, bis nur noch die schroffen Gipfel der Serra di Burano und der Sibillinischen Berge über ihn hinausragen. Im Westen ziehen die Nebelschwaden währenddessen über die spiegelglatte Oberfläche des viertgrößten Sees Italiens.

In seinem Bericht über das Desaster bei der Schlacht am Trasimenischen See im Jahr 217 vor Christus, bei der etwa fünfzehntausend römische Soldaten ihr Leben verloren, schiebt der Geschichtsschreiber Livius einen Teil der Schuld dem dichten Nebel zu, der an jenem verhängnisvollen Morgen die Sicht der Legionäre behindert und damit den Hinterhalt des karthagischen Feldherrn Hannibal begünstigt haben soll. Manche Historiker vermuten in diesem Bericht eine Ausrede, mit der Livius die peinliche Niederlage seiner Landsleute im Nachhinein rechtfertigen wollte. Doch wer einmal vom höchsten Punkt der Isola Maggiore – einer der drei Inseln des Lago Trasimeno – beobachtet hat, wie der Dunst am nördlichen Seeufer aufsteigt und wie der Wald, in dem damals die Truppen Karthagos verborgen waren, nach und nach hinter einer dichten grauweißen Wand verschwindet, dem erscheint Livius' Beschreibung des Geschehens nur allzu nachvollziehbar.

Manchmal legt sich der umbrische Nebel wie ein zarter, kaum wahrnehmbarer Schleier zwischen die Welt und ihren Betrachter. Manchmal sinkt er von oben herab, manchmal steigen seine Schwaden beinahe gespenstisch aus der nackten Erde abgeernteter Felder auf. Manchmal schwebt er, von einem Windhauch zerrissen, in Fetzen über das Land. Und dann wird er plötzlich undurchdringlich, dicht und schwer, verschluckt alle Geräusche, befeuchtet Wangen und Hände, lässt die Kleidung klamm werden und Straßen und Felder, Bäume und Häuser verschwinden. In diesem erbarmungslosen Nebel kann sich alles verbergen – auch ein zwanzigtausend Mann starkes Heer, schwer bewaffnet und bereit zum Angriff.

Nebel findet man im Herbst auch anderswo in Italien. Die Metropole Mailand ist mit etwa sechzig Nebeltagen zwischen Anfang November und Ende Januar so etwas wie ein italienisches London. Und dann gibt es da ja noch die Region Emilia-Romagna, wo sich der Dunst so regelmäßig wie hartnäckig über den schier endlosen Weiten der Po-Ebene festsetzt. Der Blick aus dem Fenster in eine Umgebung ohne Himmel, ohne Sonne, ohne Farben und Konturen kann auf die Dauer ziemlich deprimieren. Welch ein Glück, dass, im Gegensatz zu Mailand oder der Po-Ebene, in der dramatischen Landschaft Umbriens die nächste Erhebung nie sehr weit entfernt ist. Wer ein paar Dutzend Höhenmeter überwindet, überschreitet damit oft auch die Grenze zwischen zwei Welten. Manchmal ist dieser Übergang undefiniert und fließend, dann tauchen die Teile der Landschaft, die über das dichte Nebelmeer hinausreichen, nur als vage Umrisse aus dem immer heller werdenden Dunst auf. Früh am Morgen oder am späten Nachmittag, wenn die Sonne tief steht, verwandelt ihr rötliches Licht diese eigenartige Zwischenwelt in eine beinahe unwirkliche Landschaft, die einem kitschigen Gemälde oder einem Fantasyfilm entstammen könnte. Hier, wo alles unklar und verschleiert bleibt, zeigt sich das rätselhafte Umbrien, das in seinen Wäldern und Schluchten, hinter seinen mittelalterlichen Mauern und in den unergründlichen Gesichtern seiner Bewohner stets ein Geheimnis bewahrt.

Manchmal kann der Übergang auch abrupt von einem Moment auf den nächsten erfolgen, vergleichbar mit einem Flugzeug, das kurz nach dem Start in die Sphäre über den Wolken vordringt. Dort ist die Luft plötzlich glasklar, der Himmel strahlt blau, die herbstlich verfärbten Blätter der Weinstöcke leuchten in der Sonne goldgelb oder blutrot. Das »grüne Herz Italiens« verwandelt sich in ein kraftvolles Farbspektakel, gebettet auf den schneeweißen Wolken, die vom Luftdruck in den Tälern und Ebenen gehalten werden.

So mancher Hobbyfotograf, der an einem derartigen Herbsttag von einem Aussichtspunkt am Monte Subasio aus Aufnahmen der Nebeldecke über der Valle Umbra gemacht hat, bleibt bis nach Einbruch der Dunkelheit an seinem Platz. Denn der Sonnenuntergang ist keinesfalls das Ende, sondern er läutet den zweiten Teil des Spektakels ein: Je mehr Lampen nun auf den Straßen, in den Siedlungen und in den Gewerbegebieten der belebten Ebene zwischen Perugia, Assisi und Spello eingeschaltet werden, desto stärker beginnt das ganze Tal unter der Nebelschicht zu glimmen. Wieder so ein rätselhafter, typisch umbrischer Moment, der seinen Reiz durch das unter dem Wolkenschleier Verborgene und in verschwommenen Lichtinseln nur Angedeutete erhält. Eine ganze Welt ist versunken und wird zugleich neu erschaffen. In solchen Augenblicken scheint es, als verdecke der umbrische Nebel die Oberfläche des Landes, um seine Seele zu enthüllen.